La pensée française, des origines à la Révolution avec un texte de Paul Langevin

Jacques Solomon, Paul Langevin

Paris, 1946

Édition : BoD · Books on Demand, 31 avenue Saint-Rémy, 57600 Forbach, bod@bod.fr
Impression : Libri Plureos GmbH, Friedensallee 273, 22763 Hamburg (Allemagne)
ISBN : 978-2-3225-7110-9
Dépôt légal : Juin 2025

TABLE DES MATIÈRES

2

Avertissement

Les quelques papiers de Jacques Solomon qui sont parvenus jusqu'à nous à travers la tourmente ne représentent qu'une faible partie de ses travaux. Toutefois ce qui en subsiste suffit à montrer qu'il était à la veille de produire des études riches et neuves dans le domaine, non seulement de la physique théorique, mais aussi dans ceux de l'histoire, de la philosophie, de l'économie politique, des lettres, etc. C'est un esprit encyclopédique, en pleine maturité intellectuelle que les nazis ont tué le 23 mai 1942.

Parmi les manuscrits qu'il a laissés, nous avons pu retrouver l'étude sur la Pensée française, des origines à la Révolution, *qu'il avait presque achevée en 1939.*

Fresque grandiose et neuve qui, par les proportions et la place assignées à chacun des hommes qui ont fait progresser la pensée française, surprendra ceux qui, trop nombreux encore, acceptent sans critique la tradition conformiste et déformante des manuels. Ce qui frappe aussi, c'est la densité *de ce travail : ceux qui ont connu Jacques Solomon devineront sans peine combien de recherches et d'études préparatoires supposent telle phrase, simple d'allure, mais riche de sens…*

Nous nous sommes bornés à faire ce que l'auteur eût fait lui-même, s'il avait eu le loisir de réviser son texte et d'en surveiller l'édition : corriger quelques lapsus évidents et introduire des sous-titres qui faciliteront la lecture. Pour tout le reste, nous avons respecté scrupuleusement le manuscrit original, dans l'état où Jacques Solomon l'avait laissé.

La note biographique qui le précède avait été écrite par Paul Langevin en 1946 pour le quatrième anniversaire de sa mort et publié dans cette Université libre, *que Jacques Solomon avait fondée clandestinement dès 1940, sous l'occupation allemande.*

Paul Langevin, Jacques Solomon : l'Union Française Universitaire tenait à réunir dans un même et pieux hommage ces deux noms qui sont associés à tout jamais.

A. P.

Visage de Jacques Solomon

Quatre années déjà se sont écoulées depuis que nous avons perdu en Jacques Solomon un des jeunes hommes sur qui nous pouvions le mieux compter pour la pensée et pour l'action. Commencée sous le signe de l'intelligence, sa trop brève existence s'est achevée sous celui du courage civique.

Savant de grande classe avant vingt-cinq ans, il est mort en héros à trente-quatre ; il laisse un exemple dont beaucoup de jeunes se réclament aujourd'hui et qui restera un des plus purs.

Des liens, intellectuels d'abord, puis d'autres plus humains, se sont établis entre lui et moi ; nous avons, pendant dix ans, vécu très près l'un de l'autre. Bien des images de lui me sont restées présentes que je voudrais évoquer ici en les rattachant aux moments essentiels de sa courte et lumineuse carrière.

Je situe mon premier souvenir de lui dans le cadre pittoresque du Congrès de l'Association française pour l'avancement des sciences à Constantine où il avait accompagné son père, l'éminent docteur Iser Solomon, médecin, radiologiste et physicien. L'insatiable curiosité d'esprit de Jacques m'avait frappé. Son visage attentif que dominait un front puissamment modelé annonçait l'intelligence claire, profonde et souple que j'appris bien vite à aimer et qui se manifesta dès ses premiers travaux.

Les problèmes les plus difficiles attiraient son esprit, comme les plus hautes cimes attiraient son corps, de petite taille, mais rendu robuste par l'alpinisme auquel il consacrait toutes ses périodes de liberté, entreprenant ainsi le bel équilibre que j'ai toujours admiré en lui. Les guides de Chamonix aimaient l'accompagner et je les ai vus souvent venir le tenter, dès que le moment leur semblait propice à quelque course nouvelle. J'aime à croire que ce goût pour la fréquentation des régions élevées, pour la sérénité des grandes idées et des vastes étendues, que le double entraînement de l'esprit et du corps ne sont pas étrangers à la force d'âme dont il a su faire preuve aux heures douloureuses.

Jacques, que l'exemple de son père et le milieu dans lequel il vivait, avaient orienté vers la médecine, et qui était externe des hôpitaux au moment de son mariage, vint habiter chez moi et commença la préparation de l'internat. Son goût pour la réflexion abstraite et la séduction des idées nouvelles lui firent abandonner bientôt pour la physique théorique la carrière médicale qu'il savait plus facile pour lui, mais qui lui semblait moins belle.

Moins de deux ans après, Jacques était docteur ès sciences avec une thèse remarquable dans laquelle il résolvait un des problèmes les plus difficiles de la théorie quantique des champs. Puis ce fut, en sept ou huit ans, une succession continue de travaux, plus de quarante notes ou mémoires, couronnés en 1939 par la publication dans un important volume, du cours Peccot dont il avait été chargé l'année précédente au Collège de France.

Pendant cette période, il participa de la manière la plus active à la vie scientifique si intense, soit ici, soit à l'étranger, passant successivement, pour étudier ou pour enseigner, à Copenhague, à Zurich, à Berlin, à Londres, à Cambridge, à Kharkow, à Moscou, entraînant Hélène avec lui et nouant des relations de travail ou d'amitié avec les représentants les plus éminents de la physique théorique en Europe, Bohr, Pauli, Rosenfeld, Møller, Félix Bloch, Klein, Fowler, Mott, Peierls, Plessett, Guido Beck, et bien d'autres dont je revois les visages près du sien.

La guerre interrompit cette activité féconde, mais Jacques la reprit dès sa démobilisation en 1940 et la continua même au cours de sa vie clandestine. Ce sont les problèmes du rayonnement stellaire qui l'occupent alors et je me rappelle lui avoir envoyé de Troyes, peu de temps avant son arrestation, un volume du récent Congrès d'Astrophysique sur les supernovæ.

Le devoir qu'il avait reconnu au savant, et qu'il a su remplir jusqu'au sacrifice, de s'intéresser aux problèmes humains, politiques et sociaux, l'avait conduit, suivant d'abord son goût pour la pensée abstraite, vers la philosophie. Avec son exceptionnelle facilité de travail, il avait lu et assimilé les œuvres des grands auteurs, depuis Descartes jusqu'à Hegel, Marx, Engels et Lénine.

J'ai souvenir d'avoir, au cours de longues soirées, bénéficié de l'effort qu'il avait ainsi fourni et avoir mieux *compris, grâce au matérialisme dialectique dont il était maître, l'évolution de la science que nous aimions tous deux. Je le revois aussi, à la veille de Munich, pendant les vacances de 1938, dans le chalet où, au pied du glacier des Bossons, entre deux courses de montagne, il travaillait à la traduction d'un livre d'Engels avec Georges Politzer qui fut, dans la pensée et dans l'action, son compagnon jusqu'à la mort.*

Sur le plan de la pensée, ce travail commun les conduisit à s'occuper d'économie politique et d'autres questions d'importance sociale que Jacques, sans que son travail personnel parût en souffrir, consacra beaucoup de temps à présenter dans des articles accessibles au grand public.

En même temps, depuis son retour de Berlin, où il avait, en 1933, assisté à la tragique prise de possession du pouvoir par les nazis, il participa de manière active à l'action politique et à la lutte contre le fascisme, voyant avec lucidité venir la catastrophe et s'efforçant avec nous de la conjurer.

Après avoir éprouvé ensemble les émotions de ces années dramatiques, la surprise du 6 février, les espoirs du Front populaire, les hontes de la non intervention en Espagne et de la trahison de Munich, nous fûmes séparés par la mobilisation de 1939 qui incorpora Jacques, en souvenir de ses études de médecine interrompues, dans le service de santé militaire, comme gestionnaire d'un hôpital de Rouen, replié successivement à Clères, à Arromanches, puis à Agen (d'où je vis arriver successivement Hélène et lui à Toulouse, où m'avait amené l'exode de nos laboratoires parisiens). Démobilisé à Agen à la fin de juillet 1940, il doit attendre un mois pour pouvoir remonter à Paris où j'étais moi-même rentré quelques semaines auparavant.

Mon arrestation, le 30 octobre 1940, décida de son sort.

C'est, en grande partie, pour protester contre elle qu'il entreprit avec ses compagnons de lutte et de sacrifice la publication de « l'Université Libre » et commença avec Hélène la vie clandestine qui devait durer plus d'un an et les conduire, lui à la torture et à la mort, elle à plus de trois années d'emprisonnement et de déportation.

Il y a aujourd'hui quatre ans que Jacques est mort, un an qu'Hélène est de retour. L'émotion que j'éprouve en évoquant ces souvenirs resterait trop personnelle si elle ne s'élargissait à la pensée de tant de martyrs, aux sacrifices desquels chaque jour apporte ses anniversaires. En pensant à ceux qui le touchent de plus près, le vieil homme que je suis pense à ceux des autres. Puisse l'évocation de la vie si pure et si bien remplie de Jacques Solomon rappeler à tous ceux qui ont souffert dans leur chair ou dans leurs affections combien nous sommes proches les uns des autres et ce que représente pour nous tous le commun sacrifice de tous nos héros.

Mai   1946.

                                                                Paul

Langevin.

———

I. — *Les origines*

Issue des grandes traditions d'intérêt et de respect pour la science qui caractérisent la civilisation gauloise, ayant reçu par l'intermédiaire des Romains le glorieux héritage de la pensée grecque et de la pensée latine, telle nous apparaît la pensée française à ses origines. Mais après que la civilisation gallo-romaine eut brillé d'un vif éclat, les invasions des Barbares, les guerres incessantes devaient entraîner pendant plusieurs siècles une grande décadence intellectuelle. Durant ces sombres époques de notre histoire, l'ignorance était générale. La langue latine, dont l'Église catholique continuait de faire usage, était le trait d'union avec la civilisation passée. Et ce devait être justement le rôle des communautés religieuses que de conserver et de transmettre aux siècles futurs la somme des connaissances humaines du passé.

C'est à Charlemagne (742-814) que l'on doit les premiers essais d'une Renaissance intellectuelle dans notre pays. Il réunit à sa cour les meilleurs penseurs de son époque ; il ouvre une école pour les jeunes gens qui veulent entrer à son service, il cherche même à développer au moins l'instruction religieuse dans le peuple. Un véritable centre intellectuel se développe autour de lui : de tous pays on vient s'y instruire. Mais l'Empire fondé par Charlemagne n'a qu'une durée éphémère ; il s'écroule à sa mort, et c'est à nouveau la barbarie pour plusieurs siècles.

Néanmoins, au plus fort de l'anarchie féodale, quelques écoles subsistaient auprès d'une église, auprès d'une abbaye : à Auxerre, à Reims, à Aurillac, à Chartres, à Paris enfin. C'est de l'École de Reims que sort Gerbert, qui sera pape sous le nom de Sylvestre II et dont le savoir encyclopédique étonne à tel point ses contemporains que certains le soupçonnent d'avoir fait un pacte avec le diable. Mais c'est vers la fin du onzième siècle que l'activité intellectuelle va vraiment renaître en même temps que commerce et industrie. Des ordres religieux sont créés qui copient des milliers de volumes et aident à la diffusion de la pensée antique. Et surtout les écoles dont nous venons de parler se développent, comptent un nombre sans cesse croissant d'élèves et vont être à l'origine des Universités.

Les premières universités

C'est vers la fin du douzième siècle que maîtres et élèves de Paris s'associèrent pour former l'Université des maîtres et des écoliers de Paris. Ce fut la première Université d'Europe. En 1200 elle obtint son statut : elle ne devait relever que d'elle-même et du Pape. Si grand devint rapidement son prestige tant par la renommée universelle de ses maîtres que par le nombre des élèves accourus de tous les pays d'Europe, qu'elle devint capable de traiter avec les rois de puissance à puissance : il lui suffisait de menacer de suspendre les cours.

L'Université de Paris atteignit son plein développement dans la seconde moitié du treizième siècle, sous le règne de saint Louis. Les rapports entre maîtres et élèves étaient assez différents de ce qu'ils sont de nos jours : les maîtres ne recevaient pas un traitement de l'État mais étaient payés par les élèves. La plupart de ceux-ci, d'ailleurs, étaient pauvres, avaient de la difficulté à vivre à Paris. C'est pourquoi rapidement se formèrent des institutions destinées à aider les étudiants et dont les noms : Collège des Irlandais, Collège des Danois, etc… montrent l'influence extraordinaire de l'Université de Paris dans le monde, à une époque où les voyages étaient bien plus longs et difficiles qu'aujourd'hui, à une époque où les journaux et les moyens d'information réguliers n'existaient pas. La plus célèbre de ces institutions fut créée en 1257 par l'aumônier de saint Louis, Robert de Sorbon, d'où la **Sorbonne** actuelle tire son nom.

D'autres universités s'organisaient à l'exemple de celle de Paris : à Toulouse en 1223, à Montpellier en 1289, à Orléans en 1312. L'Université de Montpellier, par les relations qu'elle avait avec l'Espagne et la civilisation arabe, joua un très grand rôle pour le développement de la médecine et acquit une réputation mondiale. Elle devait compter parmi ses élèves François Rabelais.

Mais au delà même de nos frontières, la réputation de nos Universités était telle que la langue française devint extrêmement répandue dans toute l'Europe, et au XIIIe siècle, le français fut ce qu'il devait être à nouveau au XVIIIe siècle, la langue des gens cultivés de tous pays.

Quel était l'enseignement donné dans ces Universités ? Elles avaient grandi à l'ombre de l'Église, elles restaient sous sa direction, et l'enseignement qui y était donné ne pouvait être que celui de la théologie chrétienne, l'explication des Évangiles et des traités laissés par ceux qui, tel saint Augustin, avaient subi l'influence de la philosophie grecque, en particulier de Platon. Hors de l'Église, point de salut ; hors de l'Église, pas de science ; le dogme, tel que l'Église le formule, voilà la vérité. On est donc en possession de la vérité et il s'agira simplement de l'expliquer, d'en développer les conséquences.

Le grand problème qui se posait dès lors, et qui sera le fond de toute la vie intellectuelle du Moyen Âge, est le problème des rapports de la foi et de la raison. Est-il possible qu'en raisonnant, notre esprit en arrive à des conclusions qui soient en désaccord avec les enseignements de l'Église ? Et si cela arrive, à qui donner la préférence ? On voit qu'au fond de toutes ces « querelles de moines » nous apercevons l'effort constant de la raison humaine pour mieux pénétrer le monde qui nous entoure en se débarrassant des entraves et des préjugés que nous ont légués les siècles antérieurs.

C'est ainsi que nous devons apprécier l'œuvre et le succès du plus célèbre professeur de l'Université de Paris, de Pierre Abélard (1079-1142). Ce qui fit sa réputation universelle (des milliers d'étudiants accouraient à Paris pour entendre ses leçons), c'est le rôle essentiel qu'il donne à la raison : quand il condamne dès le début d'un de ses ouvrages « cette crédulité présomptueuse qui s'accommode au plus vite et sans discernement de la doctrine qu'on lui offre, avant d'avoir examiné ce qu'elle vaut et si elle mérite créance », il apparaît comme un des précurseurs de l'esprit rationaliste français. Il ne se contentait d'ailleurs pas du domaine spéculatif, mais il dénonçait le scandale de la remise des pénitences à prix d'argent par les prêtres, il prêchait une morale humaine, tout à fait indépendante de la morale chrétienne. Comme le disait son grand adversaire, saint Bernard, chez lui « l'intelligence humaine garde tout pour elle et ne réserve rien à la foi ». On s'explique que ses doctrines aient été condamnées à maintes reprises par l'Église et que lui-même ait été souvent persécuté par ceux qui voulaient faire de la science et de la philosophie les servantes de la théologie.

Aristote et la scolastique

Jusqu'au XIIIe siècle, l'Europe chrétienne ne connaissait que des fragments d'un des grands penseurs de la Grèce antique, Aristote, dont l'œuvre considérable résumait toutes les connaissances de son temps. On commence à l'étudier, non pas dans le texte original (presque personne alors ne savait le grec), mais sur des traductions latines de traductions arabes apportées en Espagne par les Musulmans. Après avoir essayé d'en interdire la lecture, l'Église devait bientôt s'apercevoir des avantages que pouvait présenter pour elle l'étude des œuvres d'Aristote. Si le système d'Aristote était reconnu comme l'expression suprême de la raison humaine, son autorité devait permettre de se passer de la recherche libre dont l'accord avec la foi est toujours incertain. Il ne s'agira plus de prouver l'accord du dogme chrétien avec la raison, mais son accord avec les écrits d'Aristote. Dès lors, quel que soit le sujet étudié, l'étude ne consistera pas à laisser libre cours à la raison humaine, mais à examiner ce qu'ont dit sur ce sujet Aristote, puis ses commentateurs. Un traité sur une science quelconque ne sera pas l'exposé des réflexions ou des expériences de l'auteur, mais contiendra essentiellement les affirmations des différents auteurs qui ont traité du sujet, à commencer par Aristote, et dont on discutera la valeur non pas en les comparant à la réalité, mais en appréciant si le raisonnement est juste ou faux. Ainsi se fonde et se développe la **Scolastique** (ou méthode de l'école). Elle pourra former des maîtres en l'art de raisonner et de discuter, mais comme l'observation et l'expérience n'y jouent aucun rôle, les progrès de la science seront à peu près nuls.

S'en remettre à Aristote, c'était donc se contenter de l'état des Sciences telles qu'elles existaient trois cents ans avant Jésus-Christ. Or les villes se développaient, acquéraient leur franchise ; le commerce, l'artisanat y prospéraient, cherchaient à secouer le joug que faisait peser sur eux le système féodal. L'Église était trop intimement liée à ce système pour que ce mouvement d'émancipation ne prît maintes fois l'aspect d'un mouvement d'opposition à la doctrine de l'Église.

C'est là toute l'histoire des grandes hérésies du Moyen Âge, dont la plus célèbre est celle des Albigeois à laquelle une croisade mit fin (1207-1214). C'est ce qui explique aussi qu'à côté de l'Université, souvent en opposition avec elle, se développe un certain mouvement de curiosité scientifique qui cherche à aller plus loin qu'Aristote. C'est le cas par exemple de l'**alchimie** : confiants dans l'idée que les différentes sortes de matière : argent, or, fer, etc…, ne sont que des variétés d'une même matière fondamentale (idée que la science moderne confirmera quelques siècles plus tard), les alchimistes cherchent à transformer le plomb par exemple en or, au moyen de la **pierre philosophale**, à la recherche de laquelle ils passent leur temps en expériences qui seront le point de départ de la science chimique. L'un des plus célèbres fut le théologien **Albert le Grand** (1206-1280), dont l'enseignement à Paris eut un succès énorme et dont le souvenir vit encore (Secret du Grand Albert). Les alchimistes furent souvent persécutés, accusés qu'ils étaient d'être en relation avec le diable.

Les mathématiques font quelques progrès avec **Oresme** (1323-1382), qui se montre le précurseur indiscutable de Galilée et de Descartes et est de ceux qui commencent à saper l'édifice de la scolastique. Mais c'est à l'Anglais Roger **Bacon** (1214-1294), qui séjourna longtemps à Paris, que l'on doit d'avoir été le premier à montrer le rôle de l'expérience dans la science, à montrer que la technique est la vérification de notre connaissance du monde. On doit le considérer comme l'ancêtre du mouvement scientifique qui allait se développer dans les siècles suivants.

II. — *La Renaissance — L'humanisme*

Pendant que les Scolastiques s'épuisaient dans des controverses de plus en plus dépourvues de contenu, cherchant à perfectionner en la stérilisant les règles de la Logique d'Aristote, c'est-à-dire à perfectionner l'art du raisonnement sans qu'il fût appliqué à la réalité et à la pratique, de grands faits venaient révolutionner les connaissances humaines : c'est ce qu'on appelle souvent les **Grandes Inventions**. En particulier c'est en 1492 que Christophe Colomb, guidé par les travaux du Français Pierre **d'Ailly**, découvre l'Amérique. Un monde immense est révélé, que les Anciens n'avaient pas connu. À peu près à la même époque, après la prise de Constantinople par les Turcs (1453), de nombreux lettrés grecs viennent en France et y font connaître directement la pensée des Anciens. L'invention de l'imprimerie par Gutenberg (vers 1450) permet de la diffuser partout. Il semble à tous que c'est une véritable **Renaissance** des lettres et de la pensée. On découvre à la fois qu'Aristote ne savait pas tout, qu'il faut s'adresser directement à l'expérience pour développer nos connaissances, et d'autre part qu'on le connaissait mal, de manière très incomplète, et que remonter à la source même est hautement profitable. Dès 1470 Guillaume **Fichet** obtient l'autorisation d'installer une imprimerie au Collège de la Sorbonne, dont il était le bibliothécaire : **ce fut la première imprimerie en France**.

Dès lors se multiplièrent ceux que, par opposition aux scolastiques, on devait appeler les **humanistes**, parce qu'au lieu de se livrer aux spéculations théologiques, ils enseignaient des arts (tels que l'éloquence, la poésie) pour la culture de l'esprit. **L'humanisme**, c'est-à-dire la reconnaissance de la valeur de l'esprit humain, devait devenir un des traits essentiels de la pensée française.

L'un des plus célèbres humanistes du XVIe siècle fut Guillaume **Budé** (1468-1540). Il développe autour de lui le culte de la littérature grecque et doit être considéré comme le fondateur de la philologie, c'est-à-dire de l'étude critique des textes anciens. C'est à son instigation que François Ier, pour favoriser l'enseignement des connaissances nouvelles auxquelles la Sorbonne manifestait toujours son hostilité, institua en 1530 des **lecteurs royaux**. Le « Collège des lecteurs royaux » devait devenir au XVIIe siècle le « Collège royal de France » et après la Révolution le « Collège de France», à la réputation universelle. La cause de la pensée libre marquait un grand succès : l'enseignement qui devait y être donné était émancipé de la tutelle des théologiens ; les lecteurs royaux ne relevaient pas de l'Université.

On se jette avec passion sur tous les sujets. Étienne **Pasquier** (1529-1615), dans ses **Recherches de la France**, étudie les origines l'histoire de notre pays, Henri **Estienne** (1531-1598), imprimeur célèbre, démontre **La précellence**

du langage français en même temps qu'il approfondit nos connaissances sur la langue grecque.

Jean **Bodin** étudie et compare les institutions politiques de son temps. Il pose en principe que l'État est soumis au droit naturel, que son autorité ne peut par exemple supprimer la propriété individuelle. L'État n'a pas pour mission d'être au service du Prince, Il doit être au service du bien de tous. Sur un autre plan Jean Bodin cherche à dégager de toutes les religions existantes ce qu'il y a de commun entre elles, qui puisse servir de religion universelle. Il prêche par suite la tolérance. Enfin, faisant œuvre de précurseur sur un autre domaine, Jean Bodin est le premier économiste français. Après la découverte de l'Amérique, l'or avait afflué en Europe, et les prix de toutes les denrées avaient augmenté dans des proportions considérables. Jean Bodin fut un des rares contemporains à en comprendre les vraies causes.

Étienne de la **Boétie** (1530-1563), l'ami de Montaigne, écrit, âgé de dix-huit ans seulement, son **Discours de la servitude volontaire**, en l'honneur de la liberté contre les tyrans. Il y développe le sentiment du droit des peuples, il cherche à comprendre pourquoi la tyrannie est possible, comment il est possible de l'éviter aux peuples. C'est là prendre exactement le contre-pied de l'œuvre de l'Italien Machiavel, développant à la même époque des conseils aux princes pour mieux assurer leur domination. Avec lui commence à passer le souffle démocratique et humain, adversaire de toute tyrannie matérielle ou spirituelle.

En même temps on assistait à un essor extraordinaire des sciences. Les mathématiques sont brillamment représentées par François **Viète** (1540-1603) qui écrivit de nombreux ouvrages sur l'algèbre et la géométrie et qu'on doit considérer comme le prédécesseur immédiat de Descartes.

En Pologne vit **Copernic** (1473-1543), qui affirme, contrairement à la Bible, que la terre n'est pas immobile mais tourne autour du soleil ainsi que sur elle-même, traçant ainsi la voie à Kepler et Galilée, et par là encore à Descartes.

Bernard Palissy et la méthode expérimentale

On s'arrêtera ici plus longuement sur un des hommes les plus remarquables de cette époque, sur Bernard **Palissy** (1510-1590). Bernard Palissy est un de ceux qui se sont le plus attachés à proclamer la supériorité de l'expérience sur l'autorité des maîtres. On peut le considérer comme l'un des créateurs de la méthode expérimentale, de la méthode scientifique.

« Je n'ai point eu, dit-il, d'autre livre que le ciel et la terre, lequel est connu de tous ; il est donné à tous de connaître et lire ce beau livre. » C'est par ses patientes recherches pour la préparation des émaux qu'il se rendit célèbre. Ayant vu une coupe émaillée, il résolut d'arriver à reproduire cet émail. Pendant vingt-cinq ans, il chercha patiemment le secret sans se laisser décourager par les insuccès. « Quand j'avais appris à me donner garde d'un danger, il m'en survenait un autre, lequel je n'eusse jamais pensé », allant jusqu'à brûler les tables et le plancher de sa maison pour alimenter le four en combustible. Le succès finit par couronner ses efforts et l'on admire encore les plats émaillés de Bernard Palissy. Mais là ne se borne pas son œuvre. Fidèle observateur de la nature, on doit le considérer comme le premier des géologues français. Il étudie l'argile, les pierres, la formation des cristaux, il imagine une méthode pour sonder les terrains ; dans son livre sur les eaux et fontaines, il indique l'origine des eaux minérales, des eaux thermales, il a l'idée des puits artésiens. Dans tout cela se montre l'esprit d'observation et d'expérimentation le plus ingénieux et le plus attentif, et Bernard Palissy, en qui s'incarne toute la céramique française, est en même temps un des initiateurs de la géologie, et d'une façon générale de la méthode expérimentale. Dans une de ses œuvres conçue sous forme de dialogue, deux interlocuteurs sont en présence : l'un, qui s'appelle Théorique, l'autre Pratique ; et c'est toujours Pratique qui ramène Théorique de l'erreur vers la vérité.

À côté de lui on peut placer celui qui rénova entièrement la chirurgie : Ambroise **Paré** (1517-1590). Il avait échappé à l'éducation purement livresque des médecins de son temps, parce que les chirurgiens étaient considérés comme de simples artisans. Il se consacra au perfectionnement des méthodes de traitement des blessures. Il ne marquait aucun respect servile pour les opinions des anciens qui, disait-il, « doivent nous servir d'échauguettes pour voir plus loin ». Pour arrêter l'écoulement de sang en cas de blessure ou d'amputation, on employait le fer rouge ou l'huile bouillante. À ces procédés barbares, il montra qu'il fallait substituer une chirurgie rationnelle : faire la ligature de l'artère cause du saignement. Par cette idée si simple, un progrès essentiel était accompli dans l'art de la chirurgie.

À ce grand mouvement d'idées remettant en question tout ce qui n'était admis que par autorité, vérifiant par la raison et l'expérience toutes les notions courantes, la religion ne pouvait échapper. Nous avons déjà vu que l'Église s'identifiant avec la société féodale, tout effort d'émancipation de l'esprit humain tel qu'il était nécessité par le développement de l'industrie et du commerce des villes devait forcément prendre figure d'un mouvement dirigé contre la religion catholique : telles avaient été les hérésies du Moyen Âge, telle fut la **Réforme**.

La Réforme

L'esprit de libre examen n'épargnait pas Aristote avec Pierre **Ramus**, philosophe et mathématicien. Il ne devait pas épargner les Écritures avec un **Lefèvre d'Étaples**, avec un Étienne **Dolet**, malgré les persécutions (Étienne Dolet, rationaliste convaincu, fut brûlé à Paris en 1546). Ainsi la voie fut frayée à Jean **Calvin** (1509-1564). Ce n'est pas ici notre rôle d'étudier l'importance historique du mouvement de la Réforme ; nous nous contenterons de rappeler c'est à Calvin que l'on doit l'expression de la Réforme sous un aspect universel, purement religieux. Il la dota d'une doctrine ferme, souvent rigide, et le mouvement calviniste se répandit bien au delà de la France. De Genève, Calvin, qui s'y était fixé depuis 1536, dirigea le mouvement par sa correspondance avec les églises et les personnalités marquantes, jusqu'à sa mort. C'est en 1536 également qu'il publia la première édition latine de son **Institution chrétienne**. Cet ouvrage consacra la réputation de Calvin et fut vite apprécié pour ce qu'il était réellement, l'œuvre la plus puissante et la plus achevée de la théologie protestante. Mais ce qui est particulièrement intéressant et par quoi Calvin, en dépit de son dogmatisme, est bien un homme de la Renaissance, c'est qu'il publia en 1541 une traduction en français de son ouvrage fondamental, voulant ainsi le mettre à la portée de tous les esprits, et pas seulement des théologiens. Cet ouvrage eut un retentissement considérable : le public était mis directement, et dans un langage simple et imagé, au fait des fondements du nouveau mouvement religieux, et chacun, suivant le principe du **libre examen**, pouvait se faire une opinion des arguments apportés.

Au début de la Renaissance, la plupart des humanistes s'étaient livrés à la critique des Écritures et penchaient en général vers la Réforme. Mais par la suite, après que Calvin lui eut donné sa forme définitive, dogmatique, les humanistes s'en détournèrent. Ils ne pouvaient admettre une doctrine de prédestination d'après laquelle, par avance, Dieu a fixé le destin de chaque homme, d'après laquelle toute l'activité humaine ne peut modifier la décision immuable de Dieu. Une telle conception allait à l'encontre de la doctrine humaniste de confiance en la raison humaine, de confiance en sa perfectibilité. C'est pourquoi nous voyons dès le temps de Calvin l'Humanisme et la Réforme s'écarter l'un de l'autre quoique issus du même mouvement.

Dans le grand courant humaniste, le couronnant et le prolongeant, nous trouvons deux des plus grands penseurs de notre pays, François Rabelais et Michel Montaigne.

Rabelais et Montaigne

François **Rabelais** (1494-1553) sera étudié ailleurs à un autre point de vue[1]. Ayant fait ses études de médecine à la glorieuse Faculté de Médecine de Montpellier, médecin tout d'abord, puis curé de Meudon, il nous a laissé un des chefs-d'œuvre de notre littérature avec son **Gargantua** et **Pantagruel.** On y retrouve l'humaniste quand il se moque avec âpreté des scolastiques, des docteurs de la Sorbonne, quand il vante les mérites des lettres grecques retrouvées depuis peu. Il conçoit la vie comme les hommes de la

Renaissance : pleine de satisfactions pour le corps et pour l'esprit, consacrée aux plaisirs et à l'étude. La nature est bonne, il suffit de la suivre, en se débarrassant de toutes les superstitions et préjugés. C'est le sens de la devise qui est inscrite à l'entrée de l'abbaye de Thélème, dont Rabelais fait l'image de la société selon la raison : « Fais ce que voudras ». Naturellement, l'éducation jouera un rôle essentiel. Ici Rabelais, assoiffé de connaissances, préconise une transformation complète du système d'éducation : à l'enseignement creux des scolastiques, il faut substituer un enseignement plein de vie : tout savoir. Son programme est une véritable encyclopédie de toutes les connaissances humaines, sans oublier « les arts mécaniques ». Et Rabelais n'oublie pas d'insister sur l'importance des exercices physiques pour réaliser un équilibre heureux entre la culture du corps et la culture de l'esprit. Sa bonne humeur, son rire sont l'expression de la confiance dans l'homme, dans la raison humaine. C'est par là que Rabelais est bien français et qu'il sera lu bien longtemps encore.

Michel de **Montaigne** est le plus grand penseur français de la Renaissance. Il naquit le 28 février 1533 au château de Montaigne, en Périgord. Il reçut dès ses premières années une éducation soignée, fit ses études de droit et devint conseiller au Parlement de Bordeaux en 1557, où il se lia avec La Boëtie qui y était également conseiller. Après la mort de son père, il résigna son poste (1570) et, après un court voyage à Paris, il se retira dans son domaine, où pendant dix ans il se livra à la lecture et à la méditation. Le résultat en fut la parution, en 1580, des deux premiers livres d'un des plus grands ouvrages qui aient jamais été écrits : les **Essais**. Après leur publication, il voyage en Allemagne et en Italie, près de deux ans. Il observe, il compare les mœurs dans les divers pays sous divers climats. Pendant son séjour en Italie il apprit qu'il avait été élu maire de Bordeaux (1er août 1581). Il exerça sa magistrature consciencieusement et fut réélu en 1583. En 1588 il se retire définitivement dans son château, et jusqu'à sa mort (13 septembre 1592), il continuera à lire, à ajouter de nouveaux chapitres, de nouvelles remarques à ses Essais.

Montaigne lisait énormément. Il notait les sentences qui l'avaient particulièrement frappé dans sa lecture, et y ajoutait quelques commentaires. Telle fut l'origine des Essais. Ici, pas de plan. On passe d'un sujet à l'autre au hasard des lectures, au hasard des réflexions. Il ne s'agit pas d'exposer une philosophie, une conception du monde, il s'agit de faire part au lecteur des réflexions de l'auteur, en quelque sorte de le faire participer à sa propre vie intellectuelle. Et l'Avis au lecteur par lequel débute l'ouvrage nous dit : « C'est ici un livre de bonne foi, lecteur… Ainsi, lecteur, je suis moi-même la matière de mon livre. » C'était là une conception entièrement nouvelle : l'étude de l'homme lui-même avec ses désirs, ses passions, son intelligence, et Montaigne notait de suite que l'étude qu'il faisait de ses traits particuliers à lui Montaigne pouvait n'être pas utile seulement aux membres de sa famille qui voudraient conserver son souvenir, mais à tous les hommes aussi, car tout homme porte en soi « la forme entière de l'humaine nature ». Quiconque veut le lire pourra retrouver en Montaigne quelque chose de lui-même, et si on lui fait remarquer que sa vie ne présente pas d'événements si remarquables, il répondra qu'« on attache aussi bien toute la philosophie morale à une vie populaire et privée qu'à une vie de plus riche étoffe ».

À propos de chaque événement, si minime soit-il, de la vie, il va donc s'interroger, méditer, nous confier ses réflexions. Il réfléchira sur la mort, cherchera parmi les philosophes grecs les maximes les plus propres à assurer la paix de l'âme, à s'habituer à l'idée de la mort : dans des périodes aussi troublées, c'étaient là des sujets constants de méditation. Mais c'est surtout par ses réflexions sur la science et ses résultats que Montaigne nous intéresse maintenant. On rapporte qu'en 1576 il fit graver une médaille : une balance aux plateaux en équilibre montre l'inaptitude du jugement à pencher vers une solution plutôt que vers l'autre, et on y lit la devise, qui est un des caractères de la philosophie de Montaigne : « Que sais-je ? ». Examinant les résultats de la science, il est frappé par leur fragilité, le caractère contradictoire des divers renseignements. Des conceptions qu'on croyait parfaitement établies sont renversées à son époque : « Le ciel et les étoiles ont branlé trois mille ans ; tout le monde l'avait ainsi cru jusqu'à ce qu'il y a environ dix-huit cents ans que quelqu'un s'avisa de maintenir que c'était la terre qui mouvait ; et de notre temps Copernicus a si bien fondé cette doctrine qu'il s'en sert très règlement à toutes les conséquences astrologiennes… » Mais cette fois détenons-nous la vérité ? « Quelles lettres ont ceux-ci, quel privilège particulier, que le cours de notre invention s'arrête à eux ? » Et parlant de la nouvelle conception de l'univers, il ajoute : « Qui sait qu'une tierce opinion, d'ici à mille ans, ne renverse les deux précédentes ? » Et cela n'est pas à redouter : ce changement continuel, c'est le mouvement même de l'esprit humain. Le dogmatisme, voilà la conception inerte ; au contraire, le « scepticisme » de Montaigne, c'est le mouvement de l'esprit qui veut connaître, qui ne se contente pas de l'autorité, mais veut tout éprouver et discuter. Il ne reconnaît pas qu'il y ait des bornes prescrites à l'esprit humain : « Il est malaisé de donner des bornes à notre esprit ; il est curieux et avide » ; et si je n'arrive pas à la solution de mon problème, ce sera un autre qui ira plus loin dans la voie que j'ai ouverte, « qui fait que la difficulté ne me doit pas désespérer, ni aussi peu mon impuissance, car ce n'est que la mienne. » Ce n'est donc pas les résultats des sciences que Montaigne critique, mais les prétendus principes sur lesquels elles sont bâties et l'assurance de ceux qui les soutiennent et qui « procèdent d'une trogne trop impérieusement magistrale ». Par là Montaigne précède immédiatement la critique victorieuse de Descartes.

Ainsi la nature est pleine de diversité : « Le monde n'est que variété et dissemblance », et la raison humaine a fort à faire pour la pénétrer, et le meilleur moyen de l'y aider, c'est justement de la mettre en garde contre les préjugés, contre les idées préconçues ; et de ce point de vue la question de l'éducation, tout comme chez Rabelais, prend une importance décisive. Il ne s'agit pas de faire des enfants des puits de science ; il faut leur apprendre à regarder autour d'eux et à juger : « Je voudrais qu'on fût soigneux de lui choisir un précepteur qui eût plutôt la tête bien faite que bien pleine… Ce grand monde, c'est le miroir où il nous faut regarder pour nous connaître de bon biais. Somme, je veux que ce soit le livre de mon écolier. » C'est ainsi qu'on n'enseignera pas aux enfants des formules qu'ils devront retenir par cœur pour savoir comment se conduire : il faut les inviter à réfléchir sur des problèmes moraux, leur proposer diverses opinions entre lesquelles ils doivent choisir. Mais le plus nécessaire est la pratique de la vie ; à l'exemple de Montaigne lui-même, tout y sert de livre. Ainsi doit se former **l'honnête homme**, tel qu'il caractérisera le XVIIe siècle : cultivé, au jugement sûr, sans pédanterie, aux relations humaines et polies.

Le succès qui accueillit l'œuvre de Montaigne montre toute l'influence qu'il exerça sur ses contemporains et ses successeurs. On a pu dire que, de tous nos écrivains, c'est Montaigne qui a eu le plus d'influence en Angleterre. Il n'a plus cessé d'y être lu. Il annonçait le rationalisme cartésien. Il fallait faire table rase du passé avant de reconstruire : c'est là le sens de l'effort de Montaigne, mais il indique déjà dans l'expérience, le moyen de dépasser le doute. Son scepticisme n'est donc pas entièrement négatif. Il va dans le sens de la raison qui cherche à s'émanciper. Son influence n'a pas cessé de s'exercer depuis lors sur la pensée française.

« C'est un héros : il a repris les choses par le commencement. »
(HEGEL)

RENÉ DESCARTES
(1596-1650)

1. ↑ Allusion, non à un autre passage de la présente étude, mais à un autre ouvrage, en préparation en 1939. (*Note de l'éditeur.*)

III. — *Descartes* — *Le Rationalisme*

Le xvII^e siècle est dominé par la figure d'un des plus grands penseurs de l'humanité, l'un de ceux dont puisse le plus s'honorer le génie français, René **Descartes**. On peut dire en effet que Descartes est au commencement des grands succès des sciences physiques et naturelles du monde moderne. Il est au commencement de l'une des tendances essentielles de la culture française et humaine. Le maître de la dialectique, Hegel, a dit de lui : « C'est un héros, il a repris les choses par le commencement. »

René Descartes naquit en 1596 à La Haye (aujourd'hui La Haye-Descartes) en Touraine. Il était issu d'une famille de gentilshommes et de magistrats. Il fit ses études au Collège de la Flèche, alors dirigé par les Jésuites, et y apprit la philosophie, telle qu'on l'enseignait à cette époque, c'est-à-dire les œuvres essentielles d'Aristote et les nombreux commentaires qui les accompagnaient. En 1618, il s'engage dans l'armée, y reste un an, puis voyage de 1619 à 1626 en Allemagne et en Italie ; il séjourne ensuite deux ans à Paris, s'occupant de mathématiques et d'optique. Puis notre philosophe se décida à quitter la France et aller habiter en Hollande pour y vivre plus tranquillement, à l'abri des importuns ; parce qu'aussi le mouvement intellectuel y était fort développé. Il y vécut plus de vingt ans. Il commença par s'occuper de physique et conçut l'idée d'un **Traité du Monde** expliquant de manière rationnelle depuis la formation des planètes jusqu'à l'homme, son corps et son esprit. À ce moment, il apprit que le grand Galilée venait d'être condamné par le Tribunal de l'Inquisition (1633) pour avoir, contrairement aux Écritures, soutenu que la terre tourne autour du soleil. Ce fait l'incita à la plus grande prudence et transforma ses plans, écrivait-il, en parlant de cet événement « qui m'a si fort étonné que je me suis quasi résolu de brûler tous mes papiers, ou du moins, de ne les laisser voir à personne… Je confesse que s'il est faux[1], tous les fondements de ma philosophie le sont aussi, car il se démontre par eux évidemment, et il est tellement lié avec toutes les parties de mon traité que je ne l'en saurais détacher sans rendre le reste tout défectueux. »

En 1637, il publia trois essais précédés d'une introduction : le tout était intitulé **Discours de la méthode pour bien conduire sa raison et chercher la vérité dans les sciences, plus la Dioptrique, les Météores et la Géométrie qui sont des essais de cette méthode.** L'ouvrage était publié en Hollande, sans nom d'auteur, par crainte des

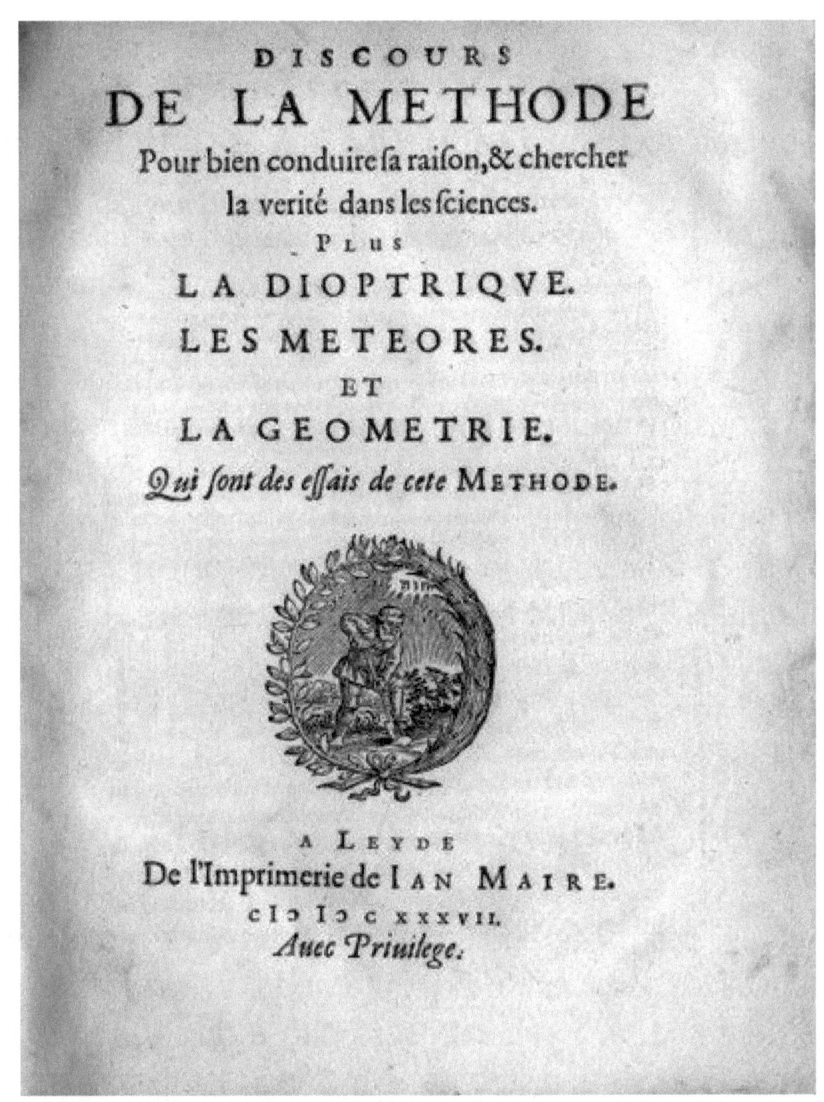

*Le **Discours de la Méthode** (1637) est
l'œuvre fondamentale du rationalisme français.*

persécuteurs. **C'est l'œuvre fondamentale du rationalisme français.** Par la suite, Descartes devait encore publier des **Méditations philosophiques** qui entraînèrent de nombreuses controverses, en particulier avec les théologiens de la Sorbonne, des **Principes de la philosophie**. Étant entré en correspondance depuis plusieurs années avec la Princesse Élisabeth de Bohême, il devint pour elle un conseiller et ce fut pour lui l'occasion d'écrire un **Traité des Passions**. Puis la reine Christine de Suède, célèbre alors par toute l'Europe par son intelligence et les succès de sa politique, l'invita de façon pressante à se rendre auprès d'elle. Après beaucoup d'hésitations, il finit par s'y rendre et arriva à Stockholm en plein hiver. La reine Christine lui demanda de lui donner des leçons tous les matins dans sa bibliothèque à cinq heures. Aussi, se rendant un jour à la Cour, prit-il froid : une pneumonie se déclara et, neuf jours après, il mourut, le 11 février 1650.

Le Discours de la Méthode

Dès les premiers mots du **Discours de la Méthode** s'annonce la négation de la méthode d'autorité et de la scolastique : « Le bon sens est la chose du monde la mieux partagée. » On s'adressera donc à tous les esprits et non aux esprits doctes seulement. Pour cela, le **Discours** sera écrit en français : « Si j'écris en français, qui est la langue de mon pays, plutôt qu'en latin, qui est celle de mes précepteurs, c'est à cause que j'espère que ceux qui ne se servent que de leur raison naturelle toute pure jugeront mieux de mes opinions que ceux qui ne croient qu'aux livres anciens.» À la manière de Montaigne, Descartes nous montre la marche de son esprit. L'enseignement qu'il a reçu lui a fait voir la diversité des opinions professées par les différents philosophes sur chaque sujet. D'excellents arguments sont fournis de part et d'autre. Comment arriver se faire une opinion ferme ? Descartes avait étudié la géométrie et l'algèbre. Leur caractère rationnel, la rigueur des démonstrations lui semblaient faire un contraste saisissant avec l'état de nos connaissances dans les autres domaines. Il conçut donc l'idée d'une méthode qui permît à l'esprit de marcher de l'avant dans quelque direction que ce fût, avec la même assurance que dans les mathématiques. C'est ce qu'il exprima dans les quatre préceptes suivants qui forment sans doute le texte le plus célèbre de la philosophie française :

« Le premier était de ne recevoir jamais aucune chose pour vraie que je ne la connusse évidemment être telle ; c'est-à-dire d'éviter soigneusement la précipitation et la prévention, et de ne comprendre rien de plus en mes jugements que ce qui se présenterait si clairement et si distinctement à mon esprit que je n'eusse aucune occasion de le mettre en doute.

« Le second, de diviser chacune des difficultés que j'examinais en autant de parcelles qu'il se pourrait et qu'il serait requis pour les mieux résoudre.

« Le troisième, de conduire par ordre mes pensées, en commençant par les objets les plus simples et les plus aisés à connaître, pour monter peu à peu comme par degrés jusques à la connaissance des plus composés, et supposant même de l'ordre entre ceux qui ne se précèdent point naturellement les uns les autres.

« Et le dernier de faire partout des dénombrements si entiers et des revues si générales, que je fusse assuré de rien omettre. »

Ainsi, et c'est ce qui constitue la valeur la plus universelle de l'œuvre de Descartes, il ne se limite pas à la négation de la scolastique et de la méthode d'autorité aux problèmes que posent les sciences particulières. Il nie la méthode d'autorité et la scolastique dans leur ensemble, proclamant en face d'elles les droits de l'esprit critique et de la raison, cherchant à tirer des sciences les plus évoluées, comme les mathématiques, une méthode universelle.

De cette manière, Descartes ouvre la voie non seulement aux autres grands métaphysiciens qui, tel Spinoza, furent des champions de la pensée libre, mais encore aux matérialistes français du XVIIIe siècle. Descartes est le champion génial de la **pensée moderne**, qui voit dans les sciences positives le seul chemin qui puisse conduire l'homme à la connaissance vraie, et par la connaissance vraie à la maîtrise consciente des forces naturelles et sociales. Et d'Alembert, dans le Discours préliminaire de l'Encyclopédie, a pu écrire :

« Descartes a osé du moins montrer aux bons esprits à secouer le joug de la scolastique, de l'opinion, de l'autorité, en un mot des préjugés et de la barbarie ; et par cette révolte dont nous recueillons aujourd'hui les fruits, il a rendu à la philosophie un service plus essentiel peut-être que tous ceux qu'elle doit à ses illustres successeurs. On peut le regarder comme un chef de conjurés qui a eu le courage de s'élever le premier contre une puissance despotique et arbitraire et qui, en préparant une révolution éclatante, a jeté les fondements d'un gouvernement plus juste et plus heureux qu'il n'a pu voir établi. »

Le dualisme cartésien

Ceci posé, ayant, comme nous l'avons vu, remarqué que tout ce qu'il sait ou croit savoir lui est arrivé par l'intermédiaire des sens ou de la tradition et que les uns comme l'autre sont trompeurs, Descartes met tout en question et doute de toute chose. Il oppose à la science traditionnelle un doute radical. Non point qu'il veuille s'en tenir là et se borner à quelque scepticisme. Ce doute est pour lui provisoire et doit lui permettre de rebâtir, d'arriver à une science certaine, acquise par lui-même. Or, le fait même que je doute, remarque-t-il, montre avec certitude que je pense. Or, penser, c'est exister. Il est donc certain que j'existe, et voilà acquise la première certitude : c'est le fameux « Je pense, donc je suis ». La primauté est donc donnée à la pensée sur l'existence, comme dans la conception idéaliste du monde. Mais voici que Descartes se refuse à admettre que ses idées soient simplement le produit de son imagination. Le chaud, le froid, la lumière, tout cela n'est pas hallucination, et Descartes affirme l'existence du monde de la matière, du monde extérieur. Sans doute fait-il dépendre sa démonstration de l'existence de Dieu. Celle-ci une fois démontrée, ma foi instinctive dans l'existence du monde extérieur est fondée, puisque je la tiens d'un être parfait, c'est-à-dire incapable de me tromper. Mais le fait essentiel est que Descartes met à la base de son système métaphysique à la fois la pensée et la matière, à la fois l'homme et le monde extérieur. C'est ce qu'on appelle le **dualisme cartésien**. On comprend sans peine que ce dualisme peut donner lieu à des conséquences bien différentes suivant qu'on insiste sur l'un ou l'autre côté. Il est de coutume actuellement, sous l'influence d'une philosophie réactionnaire, d'insister sur le côté spiritualiste de la philosophie de Descartes qui fut bientôt dépassé par Spinoza, par Leibniz, et qui devait être combattu par les Encyclopédistes, mais, comme le disait d'Alembert, « s'il a fini par croire tout expliquer, il a du moins commencé par douter de tout, et les armes dont nous nous servons pour le combattre ne lui en appartiennent pas moins, parce que nous les tournons contre lui. » En fait, en ne retenant de Descartes que le côté métaphysique spiritualiste, on déforme sa figure, on s'efforce de nier ses relations avec le matérialisme français du XVIIIe siècle.

Celui-ci procède en effet de l'autre côté de Descartes : « Le matérialisme mécanique français, écrit Marx, se rattacha à la physique de Descartes, par opposition à sa métaphysique. Ses disciples furent antimétaphysiciens par profession, à savoir physiciens. » Il nous faut justement insister sur les conquêtes essentielles réalisées par Descartes tant sur le domaine des mathématiques que sur le domaine des sciences de la nature : physique, astronomie, biologie.

Descartes mathématicien

Comme nous l'indiquons plus haut, les mathématiques apparaissaient alors la seule base solide pour celui qui voulait se construire sur des bases rationnelles une représentation fidèle de la nature. Aussi, le perfectionnement des mathématiques devait-il lui apparaître comme une étape indispensable. Mais si les mathématiciens grecs et arabes avaient découvert quantité de propriétés remarquables des figures et des nombres, un esprit comme celui de Descartes, qui voulait partir des mathématiques à la conquête du monde devait être frappé du caractère hasardeux des démonstrations de ces propriétés. N'était-il donc pas possible de trouver une **méthode** qui permît par son application régulière de résoudre n'importe quel problème sans qu'il fût nécessaire de chercher pour chaque problème une méthode particulière ? Ce fut l'œuvre mathématique essentielle de Descartes que de mettre à jour cette méthode. Fidèle à son principe que les distinctions entre sciences sont artificielles, sinon nuisibles, elle consistait à découvrir une relation mutuelle entre deux sciences séparées : l'algèbre et la géométrie, la **géométrie analytique**.

On faisait ainsi correspondre les équations aux courbes, on pouvait ramener les problèmes de la géométrie aux problèmes de l'algèbre et réciproquement. Ainsi pouvaient être résolus bien des problèmes de géométrie que les Anciens avaient laissés sans réponse ; ainsi Descartes pouvait-il développer la théorie des équations algébriques, en découvrir de nouvelles propriétés, exemple remarquable de la fécondité de telles confrontations de sciences autrefois séparées. Et l'introduction dans les mathématiques des grandeurs **variables** (correspondant à l'étude des courbes), au lieu des grandeurs fixes dont l'étude caractérisait la mathématique ancienne, était un progrès immense : par là, comme l'a noté Engels, le mouvement et, par suite, la dialectique, pénétraient dans cette science. Toutes les conditions étaient dès lors données pour l'apparition et le développement du calcul infinitésimal, gloire de Newton et de Leibniz ; mais l'on voit toute la part qu'a prise directement Descartes dans l'élaboration de ses fondements.

La physique cartésienne

Mais Descartes allait plus loin. Confiant dans sa méthode qui lui avait permis de surmonter tant de difficultés devant lesquelles ses prédécesseurs avaient échoué, il prétendait en déduire toute l'explication des phénomènes de la nature, toute la physique : « Que je ne reçois point de principes en physique, qui ne soient aussi reçus en mathématique, afin de pouvoir prouver par démonstration tout ce que j'en déduirai, et que ces principes suffisent, d'autant que tous les phénomènes de la nature peuvent être expliqués par leur moyen. »

Il fallait pour cela éliminer les sensations confuses, telles le froid, la chaleur, la couleur, éliminer tout le qualitatif, arrivant ainsi à considérer que ce n'est ni la pesanteur ni la dureté, ni la couleur, etc…, qui constituent la nature du corps, mais son extension seule.

La substance était identifiée avec l'étendue, l'étendue avec la substance, rendant ainsi possible l'application des mathématiques, la science de l'étendue par excellence. Mais, comme il faut bien nous rendre compte de la diversité des objets, de toutes les variétés de matière dont nos sens nous procurent la connaissance, la réduction de la matière à l'étendue entraînait obligatoirement la considération du mouvement : « toutes les variétés qui sont en la matière dépendent du mouvement de ses parties » ; et c'est ainsi que nous apparaît le contenu dialectique de la physique cartésienne.

Mais naturellement, à l'époque où vivait Descartes, le seul mouvement dont il pouvait être question pour lui, était le mouvement de la mécanique, c'est-à-dire, le transport d'un lieu à un autre. C'est ce qui va donner, et il ne pouvait guère en être autrement alors, à toute sa physique un tour particulier que l'on condense parfois en disant de la physique cartésienne, qu'elle est une physique du **mécanisme**, une physique **mécaniste** : le but de la physique désormais réduite à la mécanique, était de tout expliquer par **figures et par mouvements**, d'imaginer des mécanismes plus ou moins analogues à ceux qui réussissaient si bien dans les manufactures de Hollande, qui permettraient de rendre compte des phénomènes naturels. « À quoi l'exemple de plusieurs corps composés par l'artifice des hommes m'a beaucoup servi, car je ne reconnais aucune différence entre les machines que font les artisans et les divers corps que la nature seule compose, sinon que les effets des machines ne dépendent que de l'agencement de certains tuyaux ou ressorts, ou autres instruments qui devant avoir quelque proportion avec les mains de ceux qui les font, sont toujours si grands que leurs figures et mouvements se peuvent voir, au lieu que les tuyaux ou ressorts qui causent les effets des corps naturels sont ordinairement trop petits pour être aperçus de nos sens. » L'influence de cette conception, renforcée par les succès incontestables de la mécanique tant céleste que terrestre, a été énorme.

Certes, avec les progrès de la physique, la conception mécaniste du monde, fondée qu'elle était sur une connaissance encore bien primitive des diverses formes du mouvement, est désormais dépassée. Mais l'étude plus détaillée de la physique cartésienne, par cela même qu'elle est une physique du mouvement, nous y montre des traits non encore dépassés. Tout d'abord, c'est la grande idée, toute neuve alors, de l'**indestructibilité du mouvement**, le mouvement ne pouvant pas plus être créé ou détruit que la matière elle-même : loi relative au mouvement mécanique seulement, à coup sûr, car le seul connu, mais qui sera complétée deux siècles après en loi de conservation de l'énergie, par la mise en évidence de transformation de certaines formes de mouvement en d'autres formes du mouvement (par exemple en chaleur ou en son). Assurément aujourd'hui il nous est possible de mieux comprendre les différends qui opposaient en cette matière partisans de Descartes et partisans de Leibniz, sur ce qui est déterminant : la quantité de mouvement ou la force vive, conceptions toutes deux unilatérales et dépassées depuis.

De l'indestructibilité du mouvement, il s'ensuit que la seule action qui modifie l'état d'un corps, c'est sa rencontre avec un autre corps avec lequel il échange son mouvement, c'est le **choc**. La physique cartésienne sera donc fondée sur l'étude des chocs. En même temps, comme l'étendue s'identifie avec la matière, le vide ne peut exister, et comme le seul mouvement possible dans le plein est le mouvement tourbillonnaire, notre physique devra être édifiée sur les chocs et les tourbillons, d'où une image infiniment complexe du monde à la vérité, mais qui néanmoins nous montre quelques traits importants. Ainsi, ce mouvement apparaît essentiellement une relation entre un corps et les corps voisins.

Il se communique par leur contact immédiat ; c'est dire que la notion newtonienne d'action à distance y est étrangère. De façon générale, la physique cartésienne ignore la notion de force, qui ne peut valablement apparaître que lorsqu'on imagine des corpuscules isolés dans l'espace vide et qu'il s'agit de relier de quelque façon. Il en est de même de la pesanteur pour laquelle Descartes cherche à construire un mécanisme explicatif de tourbillons. Quel que soit le sort qui ait été fait à ces essais, n'est-il pas vrai que dans cette élimination de la force, de l'action à distance, dans ces essais de réduction de la pesanteur aux propriétés de l'espace, nous retrouvons le mouvement même de la science actuelle ?

Descartes et l'expérimentation

Nul d'ailleurs mieux que Descartes ne s'est rendu compte de la précarité des explications qu'il était conduit à fournir, devant la difficulté d'appliquer les mathématiques à des problèmes si complexes. Aussi, certain qu'il est que la théorie, s'il était possible pratiquement de la conduire, donnerait le bon résultat, cherche-t-il sans cesse, à l'inverse de ses devanciers scolastiques, à s'appuyer sur l'expérience. Lui qui avait rattaché les marées à l'attraction de la lune, qui avait expliqué l'arc-en-ciel, qui avait découvert la loi de la réfraction des rayons lumineux, il est sans cesse à l'affût de nouvelles découvertes, de nouvelles expériences. C'est lui qui suggère au jeune Pascal l'idée de l'expérience désormais fameuse du Puy-de-Dôme sur la pression atmosphérique. Il imagine de nouveaux instruments d'optique, de nouvelles machines, union vivante de la théorie et de la pratique.

Il fréquentait les artisans, désirait qu'on créât des musées pour eux où l'on exposerait tous les instruments mécaniques, et où l'on ferait des expériences afin de « leur rendre raison de toutes choses et leur donner du jour pour faire de nouvelles découvertes dans les arts. »

Il plaçait en effet sa confiance dans l'efficacité de la science, il prévoyait les machines qui « feraient qu'on jouirait sans aucune peine des fruits de la terre et de toutes les commodités qui s'y trouvaient ». « Il m'a été possible, écrit-il dans le **Discours de la Méthode**, de parvenir à des connaissances qui soient fort utiles à la vie ; et au lieu de cette philosophie spéculative qu'on enseigne dans les écoles, on en peut trouver une pratique par laquelle, connaissant la force et les actions du feu, de l'eau, de l'air, des astres, des cieux et de tous les autres corps qui nous environnent aussi distinctement que nous connaissons les divers métiers de nos artisans, nous les pourrions employer en même façon à tous les usages auxquels ils sont propres et ainsi nous rendre comme maîtres et possesseurs de la nature. »

Descartes ne pouvait qu'appliquer ces grandes conceptions à la vie, à en découvrir les secrets. Il dissèque les animaux, étudie la circulation du sang telle que Harvey venait de la découvrir. Il se passionne pour la médecine, dans l'espoir d'éviter les maladies et de prolonger la vie de l'humanité. Il s'intéresse à l'anatomie du cerveau, écrit un **Traité de l'homme et de la formation du fœtus**. Ses études l'amènent à conclure que l'animal est dépourvu d'âme, qu'il n'est rien d'autre qu'une machine particulièrement perfectionnée. C'est ce qui est resté célèbre sous le nom de théorie de **l'animal-machine**. L'homme au contraire a une âme qui dirige le corps, et justement le problème des relations entre l'âme et le corps, entre la pensée et le cerveau, l'origine des passions humaines préoccupe particulièrement Descartes. C'est que bientôt, du vivant même de Descartes, et surtout au siècle suivant, avec **La Mettrie**, la théorie de **l'animal-machine** allait engendrer la théorie de **l'homme-machine**, l'homme comme l'animal étant dépourvu d'âme et assimilé à un simple mécanisme.

Importance et prolongements du cartésianisme

La pensée de Descartes domine son siècle. Même ses adversaires les plus acharnés subirent son influence irrésistible. Bossuet écrivait : « Je vois… un grand combat se préparer contre l'Église sous le nom de philosophie cartésienne… Il s'introduit, sous ce prétexte, une liberté du juger qui fait que, sans égard à la Tradition, on avance témérairement tout ce qu'on a pensé », mais sa pensée est toute imprégnée de cartésianisme. **Pascal** (1623-1662) apparaît comme un fougueux apologiste de la religion, qui écrivait : « Je ne puis pardonner à Descartes : il aurait bien voulu dans toute sa philosophie se pouvoir passer de Dieu, mais n'a pu s'empêcher de lui faire donner une chiquenaude, pour mettre le monde en mouvement ; après cela, il n'a plus que faire de Dieu », mais c'est en même temps le grand mathématicien inventeur, avec **Fermat** (qui laissé son nom à de célèbres théorèmes d'arithmétique), du Calcul des probabilités, celui dont les expériences (faites à l'instigation de Descartes) démontrent que l'air est pesant, permettent de créer le baromètre. Il est en même temps l'inventeur de la brouette, de la première machine à calculer.

La métaphysique de Descartes est à l'origine des œuvres de **Malebranche** et surtout des grands systèmes philosophiques de Spinoza et de Leibniz, qui dépassent déjà le dualisme que nous avons vu exister dans le système cartésien entre l'esprit et la matière. Par là il a donné à la pensée française un rayonnement universel.

Mais, du vivant même de Descartes, ce dualisme entre esprit et matière, cette concession en somme qui était faite à la religion, avait été critiquée par Pierre **Gassendi** (1592-1655). Fils de pauvres paysans, il devint chanoine, puis prieur à Digne. Il avait commencé par une critique violente de la scolastique ; il se tourna alors vers les matérialistes de l'Antiquité tels qu'Épicure, qui avaient développé la conception atomiste de la matière. Dans Descartes, il critiqua, non la confiance en la raison, mais le fait que Descartes reconnaît que la pensée est à l'origine de tout, l'idée qu'il se fait de Dieu. Sa critique matérialiste devait préparer la voie au développement de la physique avec Newton, et au matérialisme français du siècle suivant.

Avec cet esprit de confiance dans la science qui caractérise la philosophie de Descartes, la science devait faire de grands progrès. Nous avons vu que Descartes lui-même, que Pascal enrichirent considérablement nos connaissances scientifiques. Avec eux, avec Fermat, avec le père **Mersenne** (1588-1648), qui jouait le rôle d'intermédiaire entre les savants à une époque où la presse scientifique n'existait pas encore, avec le géomètre **Roberval**, nous voyons là un monde scientifique d'une valeur exceptionnelle, constitué par toute une série d'hommes remarquables, qui, s'ils ne cultivent pour la plupart la science qu'en marge de leur profession, n'en sont pas moins les principaux fondateurs des mathématiques et de la physique modernes. C'est l'époque également où est construit l'Observatoire de Paris (1667-1672), qui attire les plus grands savants de l'époque. C'est l'astronome français **Picard** qui, en 1669 et 1670, fait la première mesure des dimensions de la Terre.

En 1628 est créé à Paris le Jardin du Roi, qui deviendra le Jardin des Plantes actuel. De nombreux botanistes l'illustrent, parmi lesquels Guy de la **Brosse** et **Tournefort** (1658-1708), qui classent soigneusement les plantes suivant leurs caractères distinctifs.

Toutes les sciences sont en progrès. Et l'étude de l'économie nationale n'échappe pas non plus à ce mouvement. La misère était grande dans le peuple, en contraste avec l'opulence des grands seigneurs. De grands et généreux esprits cherchent à comprendre la raison de cet état de choses et à prévoir les remèdes nécessaires. C'est **Boisguillebert** (1646-1714) qui est l'un des premiers économistes qu'ait possédé notre pays ; de nombreuses citations montrent l'étude approfondie que Marx en avait fait. Parmi les remèdes qu'il propose, il préconise la diminution des impôts indirects, la réforme de l'impôt direct. Il en est de même de **Vauban** (1633-1707), qui s'est par ailleurs acquis une réputation universelle pour les progrès qu'il a fait faire à l'art des fortifications. Au cours de ses voyages d'inspection, il amasse renseignements et statistiques ; il attribuait la misère du peuple aux gens de finance, aux collecteurs d'impôt, mais aussi aux privilèges. Pour y remédier, il proposait d'établir l'égalité de tous devant l'impôt, par une contribution unique : **la Dîme royale**. Son livre fut saisi et condamné ; son auteur disgracié mourut quelques jours après.

1. ↑ Le mouvement de la terre.

IV. — *Le triomphe de la Raison et le Matérialisme français du XVIIIe siècle*

L'homme qui joua un rôle décisif pour la préparation du grand mouvement d'idées qui devait être le triomphe du rationalisme dans notre pays fut **Pierre Bayle.** Né en 1647 d'une famille protestante, il fut forcé de se convertir au catholicisme puis il revint à la religion protestante et se réfugia, pour échapper aux persécutions, en Hollande, où il passa le reste de sa vie. Après de violentes polémiques, son enseignement à Rotterdam lui fut retiré et il mourut en 1707.

Dans ses « **Pensées diverses écrites à un Docteur de la Sorbonne à l'occasion de la comète qui parut au mois de décembre 1680** », il examine la croyance superstitieuse d'après laquelle le passage d'une comète présage de grandes catastrophes. Il en rapproche tout naturellement les miracles officiels, auxquels croit l'Église, ce qui va lui permettre une critique incisive des miracles, et de la religion. Avec Bayle, la raison ne respectait plus rien : « La raison, dit-il, est le tribunal suprême et qui juge en dernier ressort et sans appel de tout ce qui nous est proposé. » Le voici maintenant qui poursuit sa critique et met en question les rapports entre religion et morale. Comme l'a dit Marx, « il annonça la société athée qui devait commencer bientôt à exister en prouvant qu'une société de purs athées peut exister, que l'athée peut être un honnête homme, que l'homme ne s'abaisse pas par l'athéisme, mais au contraire par la superstition et l'idolâtrie. » Il déclarait en effet « qu'une société d'athées pourrait vivre moralement, que l'athéisme ne conduit pas nécessairement à la corruption des mœurs ; que la religion n'est pas un frein capable de retenir nos passions et qu'on peut à la fois être très dévot et très scélérat ». Par là, un coup terrible était porté à la religion.

Mais l'œuvre de Bayle, qui devait avoir une influence essentielle sur son époque, fut son **Dictionnaire historique et critique**. C'est un ouvrage conçu simplement comme un dictionnaire des erreurs ou plutôt des omissions des dictionnaires alors en usage. Il devait avoir un succès extraordinaire, et l'on raconte qu'en 1715, on faisait la queue pour le lire à la Bibliothèque Mazarine (actuellement la Bibliothèque Nationale), et il fallait arriver longtemps avant l'ouverture des portes. L'influence qu'il devait exercer, on la trouve dans ces paroles de Voltaire vantant « l'immortel Bayle, le premier des dialecticiens et des philosophes sceptiques, l'honneur de la nature humaine, l'auteur du premier **Dictionnaire de raisonnement**, où l'on puisse apprendre à penser. » Ses articles sont en général courts et orthodoxes, mais c'est dans les remarques que s'est, pour des raisons de prudence faciles à comprendre, développée la critique. Il expose les différentes thèses en présence, les objections, il insinue ce qu'il serait dangereux de dire ou il réfute de manière très insuffisante une objection décisive. Au fond il en arrive ainsi par le développement conséquent des principes du rationalisme cartésien à priver de tout appui dans la raison humaine les doctrines de la religion et de la métaphysique. Pour Descartes, il y avait liaison entre ces doctrines et la nature même de la raison. Bayle le dépasse, pousse plus loin la critique ; il examine les textes, confronte les opinions de telle sorte que le lecteur, auquel est laissé le soin de conclure, doit en arriver à un scepticisme critique à l'égard de la religion, mais non à l'égard de la raison et de son efficacité. Au point de vue pratique, il doit en arriver à la **tolérance** pour les différentes sectes religieuses, opinion d'une rare hardiesse à une époque où catholiques comme protestants rivalisaient d'intolérance, comme en témoignent les tribulations de la vie de Pierre Bayle lui-même. Le **Dictionnaire**, ce sera l'arsenal dans lequel les Encyclopédistes viendront chercher les armes que Bayle y a rassemblées ; ils y puiseront aussi des leçons de tactique, d'adresse pour arriver à faire triompher, malgré les pouvoirs établis, l'esprit de raison.

À côté de Bayle, nous placerons **Fontenelle** qui, né en 1657, à Rouen, mourut centenaire à Paris en 1757. Secrétaire de l'Académie des Sciences, mêlé intimement au mouvement scientifique, il chercha à diffuser le goût des sciences et les résultats déjà importants obtenus dans le grand public. C'est ainsi que, dans ses **Entretiens sur la pluralité des mondes** (1686), il expose à une marquise les résultats de l'astronomie. Se promenant par une belle soirée dans un parc avec elle, il lui explique comment la terre est une planète qui tourne sur elle-même et autour du soleil. Il lui démontre que la lune est une terre habitée aussi bien que les autres planètes, que les étoiles sont autant de soleils dont chacun éclaire un monde. Par là encore est atteinte la religion, puisque ces découvertes sont en contradiction avec la Bible, en enlevant à notre Terre son rôle privilégié. Dans son **Histoire des Oracles**, en prétendant montrer que les prophéties antérieures au christianisme étaient des impostures, il montre en fait que toutes les prophéties sont des impostures. Et dans sa **Digression sur les Anciens et Modernes**, il fait un plaidoyer retentissant en faveur des « Modernes », c'est-à-dire pour la supériorité des connaissances modernes sur celles de nos prédécesseurs. Il se montre ainsi l'apôtre de l'esprit de progrès, de confiance dans la science. Il a contribué à donner à son siècle la curiosité et l'esprit scientifique.

La physique newtonienne et la science française

La diffusion en France des œuvres du grand physicien anglais Newton devait encore accroître cette curiosité jusqu'à même passionner l'opinion publique. Non content, en effet, de développer le calcul des infiniment petits, en poursuivant l'œuvre de Descartes, Pascal et Fermat, non content de donner les principes scientifiques de la mécanique, des lois du mouvement, d'expliquer les lois de l'optique, Newton montrait que la chute des corps sur la terre, ainsi que le mouvement des astres, avaient une seule et même cause ; c'était la théorie de la **gravitation universelle**.

Ainsi Newton dotait la matière d'une nouvelle propriété : l'attraction, et cette nouvelle propriété, il ne la tirait pas de son raisonnement, mais de l'expérience même dont il mettait en avant le rôle décisif pour le progrès des sciences.

Le succès fut immense, et malgré les objections de quelques cartésiens attardés, plus attachés à la métaphysique qu'à la physique de leur maître, après son introduction en France par Voltaire qui s'en fit le chaud défenseur, ainsi que par son amie la marquise du Châtelet, la théorie de Newton fut universellement adoptée. Le grand astronome Laplace a pu même remarquer qu' « on doit à la France la justice d'observer que, si l'Angleterre a eu l'avantage de donner naissance à la découverte de la pesanteur universelle, c'est principalement aux géomètres français et aux prix décernés par l'Académie des Sciences que sont dus les nombreux développements de cette découverte et la révolution qu'elle a produite dans l'Astronomie, devenue la solution d'un grand problème de mécanique ».

C'est ainsi que Newton prévoyait que, par suite de sa rotation, la terre n'est pas tout à fait sphérique mais un peu aplatie aux pôles. Deux missions scientifiques furent organisées par l'Académie des Sciences et des savants français allèrent exécuter des mesures, les uns près de l'Équateur, au Pérou, les autres près du Pôle, en Laponie. Ils confirmèrent les prévisions de Newton. **Clairaut** (1713-1765), célèbre par sa précocité (il fut nommé à l'Académie des Sciences à dix-huit ans) calcule les mouvements des planètes, prévoit de façon précise les éclipses. **D'Alembert**

(1717-1768), dont nous aurons encore l'occasion de parler à propos de l'Encyclopédie, est un des créateurs de la mécanique ; ses œuvres mathématiques comptent parmi les plus considérables de son siècle. **Maupertuis**, célèbre par son expédition en Laponie, développe, lui aussi, la mécanique ; le prestige de la science mathématique française est assez grand pour que le roi de Prusse, Frédéric II, lui demande de venir à Berlin diriger l'Académie qu'il vient de créer à l'imitation de celle de Paris. Enfin, **Lagrange** (1738-1813), un des plus grands mathématiciens de tous les temps, complète cette magnifique floraison de l'esprit scientifique français. L'astronomie, elle aussi, est en plein essor, et pendant un siècle, la direction de l'Observatoire de Paris sera entre les mains d'une famille, les **Cassini**, qui, en dehors des observations astronomiques, dressera la carte détaillée de la France, la première ayant eu cette ampleur, et qui servira par la suite de modèle aux autres pays.

Développement des sciences de la nature

La physique fait un grand nombre de progrès ; on se passionne pour l'électricité dont on étudie les propriétés ; la foule se presse aux cours publics qui s'ouvrent un peu partout et où l'on présente les expériences les plus curieuses. Mais, c'est surtout la chimie qui devait faire un progrès absolument décisif avec l'un des plus grands savants du

XVIIIe siècle, Lavoisier. **Lavoisier** (1743-1794) n'était pas un professionnel de la science, mais, riche, il s'intéressa

Le Jardin du Roi (qui deviendra le Jardin des Plantes), d'après une gravure de 1690.

de plus en plus à la chimie et y consacra les ressources considérables qu'il tirait de sa charge de fermier général. Il y avait bien une chimie avant lui, mais elle était entièrement empirique, et, pour les conceptions générales, n'avait pas dépassé très considérablement le niveau de l'alchimie dont elle était issue. Partant d'expériences très soigneusement conçues, raisonnant de façon méthodique, il révolutionna complètement cette science. Il montra le rôle essentiel que joue l'oxygène dans la combustion et dans l'oxydation. Il montra que l'eau n'était pas, comme on le croyait depuis les temps les plus reculés, un corps simple, mais qu'elle est un corps composé. Et il le montra en en faisant l'analyse, c'est-à-dire en la décomposant en oxygène et hydrogène, puis la **synthèse**, c'est-à-dire en la reconstituant à l'aide de ces deux gaz. Il rendit la chimie une véritable science en y introduisant l'idée de mesures précises à l'aide de la balance : c'est ainsi qu'il mit en évidence ce qui devait être désormais un des principes fondamentaux de la science : le principe de la conservation de la matière, qu'on énonce souvent ainsi : « **Rien ne se perd, rien ne se crée** ».

Ses recherches sur le rôle de l'oxygène, de la combustion, l'amenèrent à examiner la vie des animaux et à en étudier la respiration. C'est ainsi qu'il démontra que la respiration est une combustion, combustion lente à l'intérieur du corps, et c'est cette combustion (qui est à l'origine de la chaleur animale) qu'il mesura de façon précise. Par là un phénomène essentiel à la vie était rattaché à la physique et à la chimie.

Les sciences naturelles elles aussi se développent rapidement. **Réaumur** (1686-1757), grand ingénieur (il découvre ou perfectionne la fabrication de l'acier, du fer-blanc, de la porcelaine, le thermomètre), est surtout célèbre par ses remarquables études sur les insectes : il en observe les mœurs, il les suit dans leur activité, dans leurs rapports avec le milieu qui les environne. On peut, à bon droit, le considérer comme l'un des fondateurs de la biologie moderne.

Mais c'est surtout **Buffon** (1707-1788) qui a exercé une influence considérable sur son époque. Son **Histoire**

Naturelle eut un immense succès. Intendant du Jardin du Roi (le Jardin des Plantes actuel), il observa et décrivit la Nature dans ses traits généraux. Des collaborateurs recueillaient pour lui les documents qui lui permettaient de formuler ses conceptions générales sur la nature. Les conclusions auxquelles il aboutissait, en particulier au sujet de l'âge de la Terre, étaient en contradiction complète avec l'enseignement de la Bible, et la Sorbonne condamna sa **Théorie de la Terre**. Buffon dut s'incliner, au moins en apparence, mais le fond de sa pensée continua d'exprimer la recherche d'explications rationnelles du monde, et en particulier du monde vivant. À ce titre, on peut le considérer comme le précurseur, sinon le fondateur de la grande doctrine du **transformisme**. Sous sa direction, le Jardin du Roi devint le plus riche d'Europe. De nombreux voyages d'exploration (**Bougainville**, **La Pérouse**), des correspondants dans le monde entier lui donnèrent un prestige universel. Les **Jussieu** y étudiaient la botanique, classaient les plantes d'après leur caractère en familles. Leur œuvre est à l'origine du développement des sciences naturelles au XIXe siècle.

Avec ce développement des sciences, avec le développement du commerce et de l'industrie, les sciences devaient trouver un très grand nombre d'applications. Après la découverte de Denis **Papin**, montrant la force d'expansion de la vapeur d'eau et la possibilité de l'utiliser, et ses échecs dans cette voie (un bateau à vapeur construit par lui fut mis en pièces par les bateliers qui y voyaient une concurrence désastreuse), **Cugnot** (1769) construit la première voiture à vapeur, ancêtre de l'automobile moderne. Le marquis de **Jouffroy** (1776) réalise les premiers essais pratiques de navigation à vapeur. Mais peu d'inventions devaient avoir un succès aussi retentissant que celle de la navigation aérienne. Les frères **Montgolfier**, fabricants de papier à Annonay (Ardèche), gonflèrent d'air chaud, le 5 juin 1783, un ballon. C'est le 21 novembre 1783 qu'eut lieu à Paris la première ascension. Dix jours après, le premier ballon gonflé à l'hydrogène s'élevait aux Tuileries. La navigation aérienne, vieux rêve de l'humanité, était créée.

Originalité du matérialisme français

Nous avons vu plus haut le rôle considérable que joua **Voltaire** pour l'introduction de la physique de Newton en France. Ses poèmes satiriques l'avaient fait emprisonner à la Bastille. On le relâcha à condition qu'il sortît du pays ; il partit pour l'Angleterre. C'est là (1726-1729) qu'il fit connaissance avec la nouvelle physique et surtout avec la philosophie nouvelle de Locke. Il devait l'exposer dans ses **Lettres philosophiques** qui remportèrent un succès considérable, au point que le Parlement ordonna de brûler le livre et d'en rechercher l'auteur. Descartes avait mis au-dessus de tout la raison souveraine. Mais il la voyait comme quelque chose d'immuable, d'universel. Ce devait être quelque chose de parfait chez tous et tout de suite, quelque chose d' « **inné** » et non d'acquis. C'est justement ce que critiqua Locke, qui montra que cet esprit lui-même se forme, se développe et qu'il tire son développement des sensations qu'il reçoit, donc, en somme, du monde qui nous entoure : rien n'est dans l'entendement, disait-il, qui n'ait été auparavant dans la sensation. Par là, le dualisme que nous avons vu caractériser la métaphysique de Descartes, entre l'esprit et la matière disparaissait ; tout provenait de la sensation ; donc, si l'on poussait la chose jusqu'au bout, de la matière. Les idées de Locke, telles qu'elles furent introduites par Voltaire, devaient jouer un rôle essentiel dans la formation de la doctrine matérialiste. Comme l'a dit Marx, « les Français traitèrent le matérialisme anglais avec esprit, lui donnant de la chair et du sang, de l'éloquence. Ils le dotent du tempérament qui lui manquait encore et de la grâce. Ils le civilisent. »

Condillac (1714-1780), abbé, puis précepteur du fils du duc de Parme, devait pousser jusqu'au bout les critiques de Locke. Pour Locke, nos idées peuvent provenir de deux sources : nos sensations et la réflexion. Condillac va montrer au contraire qu'une seule source suffit, qu'il n'est aucune opération mentale qui ne soit une sensation transformée. C'est là le **sensualisme** de Condillac. Il affirme qu'on peut « raisonner en métaphysique et en morale avec autant d'exactitude qu'en géométrie ». On supposera donc un être humain privé de sens, puis on fait intervenir les sensations et par l'action des sensations qui agissent les unes après les autres, Condillac montre comment se forment l'attention, la mémoire, l'imagination, la réflexion, le langage, etc… Par là était porté un coup décisif au côté métaphysique de la philosophie de Descartes. Par là aussi était montré le rôle essentiel que jouent dans le développement de l'homme, l'éducation, les circonstances extérieures, point décisif dans lequel le socialisme scientifique verra une de ses origines. « Si l'homme tire du monde physique et de l'expérience du monde physique toute connaissance, sensation, etc., il importe donc d'organiser le monde empirique de telle façon qu'il y trouve et qu'il s'assimile ce qui est réellement humain, de telle façon qu'il se reconnaisse comme homme. Si l'homme est formé par les circonstances, il faut former humainement les circonstances. » (K. Marx)

Diderot

Les théories de Condillac sont intimement liées au grand mouvement des **Encyclopédistes** qui va donner au matérialisme français du XVIIIe siècle sa forme la plus achevée. À leur tête se trouve Denis **Diderot** (1713-1784). Né à Langres, fils d'un coutelier, il vint faire ses études à Paris. Au désespoir de toute sa famille, il adopta la vie qui lui plaisait, celle d'homme de lettres. Elle nourrissait mal son homme à cette époque, et Diderot vécut difficilement, donnant des leçons, exécutant des besognes de librairie. Mais il étudie, apprend tout ; les mathématiques, la physique, la médecine et, dès ses premiers ouvrages : **Pensées philosophiques** (1746), **Lettres sur les aveugles à l'usage de ceux qui voient** (1749), la conception matérialiste du monde se développe pour achever de se préciser dans les **Pensées sur l'interprétation de la Nature** (1754), dans le **Rêve de d'Alembert** (publié après sa mort). C'est Diderot qui a écrit : « Il faut tout examiner, tout remuer sans exception et sans ménagement. Il faut renverser les barrières que la raison n'aura point posées. »

Une critique pénétrante de la religion, voilà ce que nous trouvons dans les **Pensées philosophiques**. « Si la raison est un don du ciel, et que l'on en puisse dire autant de la foi, le ciel nous a fait deux présents incompatibles et contradictoires. Pour lever cette difficulté, il faut dire que la foi est un principe chimérique, et qui n'existe point dans la nature » ; et plus loin, il ajoute : « Égaré dans une forêt immense pendant la nuit, je n'ai qu'une petite lumière pour me conduire. Survient un inconnu qui me dit : Mon ami, souffle ta bougie pour mieux trouver ton chemin. Cet inconnu est un théologien. »

Ainsi tout, y compris la religion, doit être soumis à la raison. Si la religion ne satisfait pas aux exigences de la raison, elle doit être abandonnée. Et Diderot, dès lors, d'accumuler les arguments : « Une religion vraie, intéressant tous les hommes dans tous les temps et dans tous les lieux, a dû être éternelle, universelle et évidente ; aucune n'a ces trois caractères. Toutes sont donc trois fois démontrées fausses. » Les miracles témoignent-ils en faveur de la religion ? « Prouver l'Évangile par un miracle, c'est prouver une absurdité par une chose contre nature. » Et par ailleurs, la religion se justifierait-elle par sa relation avec la morale ?

Diderot poursuit l'œuvre de Bayle, il cherche à montrer qu'au contraire la religion tourne le dos à la « morale naturelle » : « Ôtez la crainte de l'enfer à un chrétien, et vous lui ôterez sa croyance. » On pourrait bien se contenter d'une « religion naturelle », c'est-à-dire des croyances vagues en l'existence de Dieu qui sont communes à toutes les religions, mais, nous explique-t-il par ailleurs, grâce aux travaux des savants contemporains, « le monde n'est plus un Dieu, c'est une machine qui a ses roues, ses cordes, ses poutres, ses ressorts et ses gonds. » Dieu est donc devenu complètement inutile.

Ce qui va dès lors caractériser son exposé de la conception matérialiste (c'est-à-dire scientifique) du monde, c'est l'appel constant à la vérification par l'expérience, le recours à l'efficacité de la technique démontrant la vérité d'une opinion. À ce point de vue, comme l'a fait remarquer Lénine, lorsqu'il s'agit de critiquer les bases de l'idéalisme, de montrer que Condillac, en n'allant pas au delà de la sensation, risque de donner des armes à cette conception antiscientifique, Diderot « arrive presque aux vues du matérialisme contemporain ». Et quand il met à un ouvrage pour titre **De l'interprétation de la Nature**, il s'agit avant tout pour lui de l'observation, de l'expérimentation sur la Nature, il examine les causes d'erreur, les possibilités de perfectionner les instruments d'observation. Il s'agit donc bien, comme on l'a dit, d'un matérialisme expérimental, d'un matérialisme scientifique.

La matière qui constitue l'univers résulte des combinaisons successives d'un certain nombre d'éléments en mouvement permanent. Rien n'y est en repos absolu, et pour Diderot qui dépasse par là souvent la physique de Newton, le mouvement n'est pas causé par des « forces » extérieures à la matière et s'exerçant sur elle, le mouvement est propre à la matière et en est inséparable. Par là tout est en changement continuel, et il faut se garder de croire en des limites trop nettes entre les diverses choses. Il s'est à ce point de vue particulièrement attaché à l'étude de la vie, de ses rapports avec la matière. De l'animal à la plante, il n'y a pas de transition claire. Pas de transition nette non plus de la matière végétale à la matière inerte : « Tout animal est plus ou moins homme… toute plante est plus ou moins animal », il n'y a plus qu'une substance dans l'univers, dans l'homme, dans l'animal, et depuis la molécule jusqu'à l'homme, il y a une chaîne d'êtres qui passent « de l'état de stupidité vivante jusqu'à l'état d'extrême intelligence ». Prenons par exemple la question de la sensibilité. Ne peut-on pas penser qu'il s'agit là d'une propriété très générale de la matière qui pourrait se manifester sous des aspects divers ? Lénine a montré que Diderot par là avait vu juste en ne cherchant pas « à tirer la sensation du mouvement de la matière ou à la ramener à ces mouvements, mais en la considérant comme une des propriétés de la matière en mouvement ».

Par là aussi Diderot s'est montré un véritable précurseur pour la doctrine de la transformation des espèces. Si les différentes espèces animales diffèrent seulement par le degré d'organisation de la matière, on conçoit qu'il soit possible qu'elles se transforment les unes dans les autres et que le milieu extérieur exerce une influence décisive sur leur évolution. Quand Diderot écrit : « Les organes produisent les besoins et réciproquement les besoins produisent les organes », il annonce directement Lamarck.

Et de la matière vivante à la matière pensante la transition n'est pas nette. L'âme est liée au corps de façon si étroite qu'il est difficile de dire où finit l'un et où commence l'autre ; tout ce qui influe sur l'un influe sur l'autre : maladie, poisons, sommeil du somnambule. Par là est donc démontré expérimentalement (et non par la raison pure) que pensée et matière ne sont qu'une seule et même chose. Et du fait des sciences de l'époque, ce sera là une conception mécaniste dont nous verrons l'épanouissement chez La Mettrie : « Le paysan qui voit une montre se mouvoir et qui, n'en pouvant connaître le mécanisme, place dans une aiguille un esprit, n'est ni plus ni moins sot que nos spiritualistes. »

Nous aurons plus loin l'occasion d'exposer le rôle de Diderot comme fondateur et inspirateur de l'Encyclopédie. On notera ici les caractères essentiels du matérialisme de Diderot. Son matérialisme ne pouvait être que mécaniste parce que, à cette époque, de toutes les sciences, seule la mécanique était parvenue à un certain degré d'achèvement. La chimie n'était guère sortie de l'alchimie, l'organisme végétal et animal n'avait encore été étudié que grossièrement. C'était donc une étape indispensable de la pensée, une étape d'éminent progrès, que de chercher à tout expliquer par la mécanique. C'est à ce point de vue que nous apprécions Diderot, nous admirons en lui le matérialiste convaincu qui pousse jusqu'au bout sa pensée et cherche à éliminer de tous les domaines les vestiges de la superstition et de la théologie. Et, comme l'a montré Engels, « en dehors de la philosophie proprement dite, ils[1] étaient fort capables de donner des chefs-d'œuvre de dialectique. Nous rappellerons seulement le **Neveu de Rameau**, de Diderot. »

D'Holbach et Helvétius

À côté de Diderot se placent tout naturellement d'Holbach et Helvétius. **D'Holbach** (1723-1789) était un homme fort riche, et les réceptions auxquelles il conviait ses amis le firent surnommer « le maître d'hôtel de la philosophie ». Il écrivit des articles de chimie pour l'Encyclopédie, un certain nombre de livres antireligieux (**Le Christianisme dévoilé**, **Théologie portative**), mais c'est surtout son **Système de la Nature** qui l'a rendu célèbre. Publié pour des raisons de prudence sous le nom d'un auteur mort depuis longtemps, il constitue un des exposés les plus méthodiques de la conception matérialiste du monde. Les autres livres d'Holbach en poursuivent les conséquences pour l'homme et le système social dont il fait partie. C'est dans l'expérience, nous explique-t-il, que nous devons rechercher les lois de la nature : « Les hommes se tromperont toujours quand ils abandonneront l'expérience pour des systèmes enfantés par l'imagination ». Puis c'est le développement de la conception scientifique du monde : l'univers ne nous offre partout que de la matière et du mouvement, mouvement qui est une façon d'être qui découle nécessairement de l'essence de la matière. C'est dans la matière et son mouvement que doit être recherchée l'explication de tout ce qui est. Par là est rendue absolument inutile, rétrograde, l'idée d'êtres supérieurs extérieurs à la matière : Dieu, l'âme immortelle. Certains pensaient démontrer l'existence de Dieu par l'ordre qui règne dans la nature. Mais, si nous démontrons que cet ordre est une conséquence nécessaire de l'essence de la matière elle-même : que les saisons par exemple ne résultent pas d'un décret de la providence, mais de la gravitation des astres, la preuve de l'existence de Dieu se retourne contre ses auteurs. Dès lors, comment va se poser le problème de la morale, des rapports entre les hommes vivant en société ? Les principes de la religion sont contraires à ceux d'une morale naturelle : elle veut que l'homme ne désire pas ce qu'il est dans sa nature de désirer, et pour cela elle invente des peines et des récompenses imaginaires. Qui donc a pu forger et maintenir de pareilles inventions ? Assurément, ceux qui, grâce à elles, font des hommes ce qu'ils veulent, c'est-à-dire les prêtres. La religion apparaît donc ici non entièrement comme le reflet de l'impuissance de l'homme devant les forces de la nature, mais comme l'invention des prêtres. Il faudra donc transformer notre législation : « La vraie morale, ainsi que la vraie politique, est celle qui cherche à rapprocher les hommes, afin de les faire travailler par des efforts réunis à leur bonheur mutuel. Toute morale qui sépare nos intérêts de ceux de nos associés est fausse, insensée, contraire à la nature. »

Claude **Helvétius** (1715-1771), très riche fermier général, fut un des protecteurs des Encyclopédistes. Son livre essentiel, **De l'esprit**, publié en 1758, fut condamné et brûlé. Il se propose pour but de traiter la morale « comme toutes les autres sciences et faire une morale comme une physique expérimentale ». Les aptitudes physiques et l'amour-propre, l'intérêt personnel bien compris doivent être le fondement de cette morale. Mais les hommes naissent naturellement bons, les intelligences humaines sont toutes égales dans leur nature, mais c'est la société, c'est l'éducation qui les modifie, leur donne défauts ou qualités. Tout l'accent va donc être mis sur le caractère social de l'esprit humain. C'est en fonction de la société qu'il est apprécié. Le bonheur social ne dépend donc en dernière analyse que du législateur et surtout de l'éducateur. Ne croit-on pas entendre une voix d'aujourd'hui quand il écrit : « Le malheur presque universel des hommes et des peuples dépend de l'imperfection de leurs lois et du partage trop inégal des richesses. Il n'est dans la plupart des royaumes que deux classes de citoyens : l'une qui manque du nécessaire, l'autre qui regorge de superflu… Que faire pour y rappeler le bonheur ? Diminuer la richesse des uns ; augmenter celle des autres ; mettre le pauvre en un état d'aisance qu'il puisse, par un travail de sept ou huit heures, abondamment subvenir à ses besoins et à ceux de sa famille. »

Julien Offray de **La Mettrie** (1709-1751) était un médecin qui, banni successivement de France puis de Hollande à cause de ses publications, trouva asile auprès du roi de Prusse Frédéric II. Nous avons vu comment Descartes concevait l'animal sur le modèle mécanique (animal-machine). Déjà du vivant de Descartes, le médecin Leroy avait appliqué la conception de Descartes à l'âme humaine, déclarant que les idées n'étaient rien d'autre que des mouvements mécaniques. Leroy croyait même que Descartes avait dissimulé sa véritable pensée, ce contre quoi Descartes protesta. La Mettrie devait poursuivre jusqu'au bout dans cette voie, et son hommemachine est fait selon le modèle de l'homme-animal de Descartes. Les automates que fabriquait alors l'ingénieur Vaucanson venaient encore renforcer cette opinion.

L'Encyclopédie

Tout ce grand mouvement d'idées devait se couronner par l'**Encyclopédie**. « Les matérialistes français ne limitèrent pas leur critique aux questions de croyance religieuse ; ils l'étendirent à toutes les traditions scientifiques, ou à toutes les institutions politiques qu'ils rencontraient, et, pour justifier les prétentions de leur doctrine à une application universelle, ils prirent par le plus court, et l'appliquèrent hardiment à tous les sujets du savoir, dans le travail géant qui leur donna son nom : l'Encyclopédie. » Des libraires de

Paris voulaient publier une traduction d'un dictionnaire anglais. Diderot, à qui ils s'adressèrent, accepta, mais les décida à publier un dictionnaire beaucoup plus étendu, qui fût un vaste dictionnaire raisonné des connaissances humaines. Il rassembla des collaborateurs en grand nombre, s'associa avec d'Alembert qui écrivit le « Discours préliminaire à l'Encyclopédie », qui reste un des exposés les plus saisissants du mouvement d'idées qui enthousiasmait le public et dont la grande Révolution Française devait être l'accomplissement dans les faits. Le premier volume parut en 1751, mais les idées disséminées dans l'ouvrage inquiètent : au premier prétexte, l'« Encyclopédie » est condamnée et les deux premiers volumes sont supprimés par arrêt du Conseil d'État, en 1752. Mais une partie importante des gens instruits prenaient parti pour les nouvelles idées, le Directeur de la Librairie, Malesherbes en particulier, qui n'ordonna les perquisitions qu'après qu'on eût caché chez lui les manuscrits. L'impression se poursuit de façon plus ou moins clandestine. En 1759, nouvelle condamnation, qui prescrit à l'éditeur de rembourser les souscripteurs à l'ouvrage : aucun ne se présente. Les collaborateurs de Diderot : d'Alembert, J.- J. Rousseau abandonnent l'entreprise, craignant pour leur liberté. Diderot s'obstine : il veut terminer l'œuvre entreprise et il la terminera, en dépit des défections, en dépit aussi de la trahison de son éditeur qui, à son insu, mutilait les articles jugés par lui trop dangereux. Les volumes continuent à s'imprimer clandestinement et, en 1766, seize ans après le début de l'entreprise, l'impression est achevée. On indiqua sur la page du titre Neuchâtel comme ville d'impression, et les souscripteurs de Paris durent aller chercher leurs volumes aux environs. Après cela, l' « Encyclopédie » put se vendre et se lire sans obstacles. Elle comprend trente-trois volumes, dont onze volumes de planches.

Peu d'ouvrages eurent un succès aussi retentissant : l'Encyclopédie devint la base de toutes les bibliothèques. Le roi Louis XVI lui-même l'acheta. On la lisait le soir à haute voix. Elle devait, comme l'a dit Diderot, contribuer à « changer la façon commune de penser ». Sans doute un grand nombre de précautions de langage étaient-elles nécessaires. Nous venons de voir les difficultés continuelles qui s'opposèrent à l'édition de l'Encyclopédie et dont seule l'énergie inflexible de Diderot, deux fois emprisonné, devait triompher. En 1768 un colporteur était condamné cinq ans de galères, et sa femme à être enfermée à vie pour avoir vendu le **Christianisme dévoilé** (d'Holbach) et l'**Homme aux quarante**

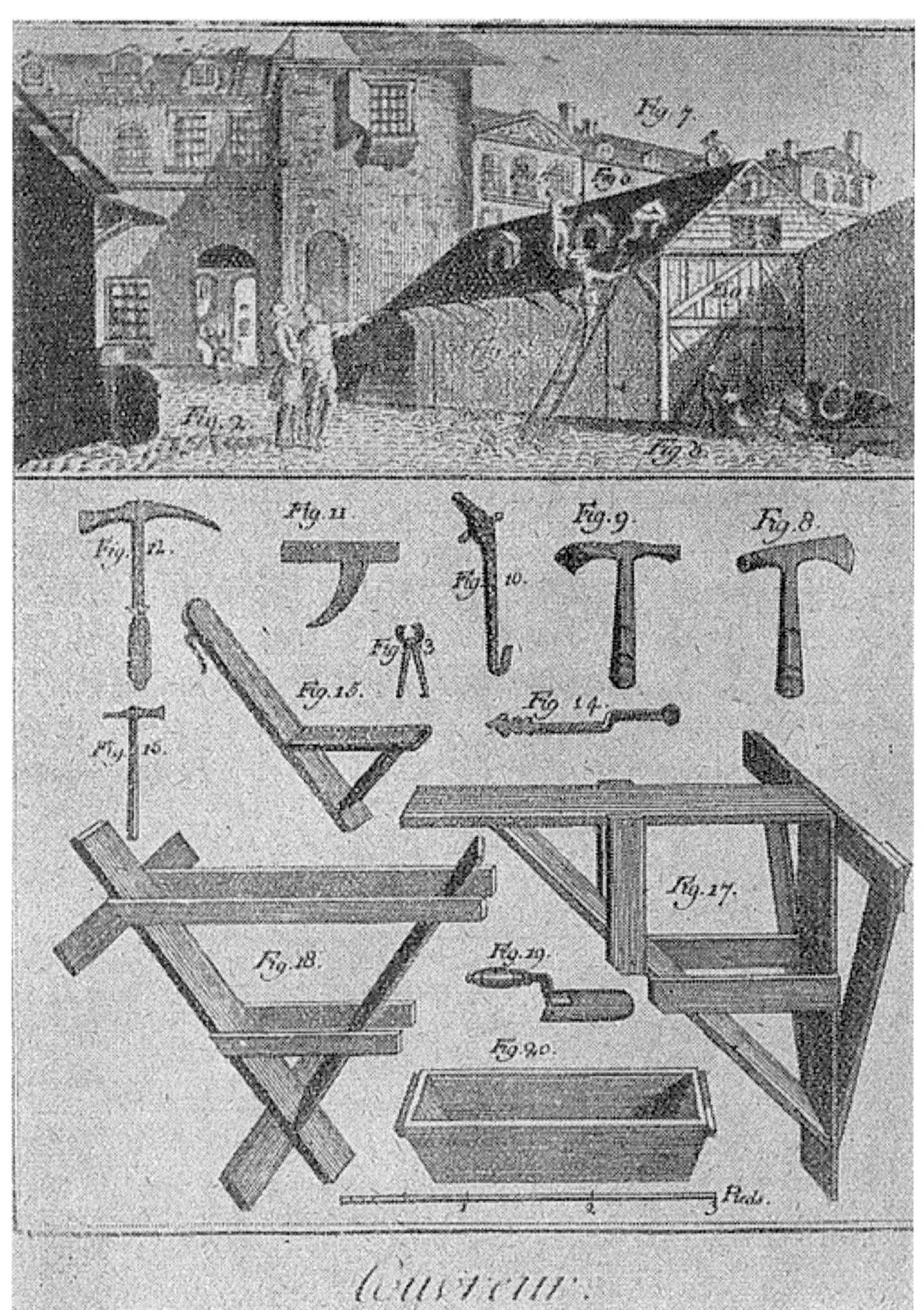

Fig. 7.
Fig. 2.
Fig. 2.
Fig. 12.
Fig. 11.
Fig. 9.
Fig. 8.
Fig. 10.
Fig. 13.
Fig. 15.
Fig. 14.
Fig. 16.
Fig. 17.
Fig. 18.
Fig. 19.
Fig. 20.
Pieds.
Couvreur.

écus (de Voltaire). L'**Encyclopédie** a repris les méthodes de Bayle : on loue les Cordeliers à l'article « Cordeliers », en même temps qu'on y renvoie à l'article « Capuchon », où l'on s'en moque. À l'article « Junon », on discute de la légende de la Vierge. Par ces subterfuges on arrivera donc à faire pénétrer la vérité partout. Ce sera la grande « machine de guerre » des philosophes.

Un des points qui doivent attirer notre attention est la part importante qui fut faite dans l'**Encyclopédie** à la description des divers métiers. L'essor considérable du commerce et de l'industrie donnait un intérêt accru à la connaissance et au progrès des diverses techniques. Et l'**Encyclopédie** devait pour la première fois faire intervenir les artisans, les ouvriers comme part essentielle de l'activité nationale. C'est Diderot surtout qui se chargea de ce travail. Il visitait les ateliers, interrogeait les ouvriers, amassait des documents, se faisait même construire des modèles de machines pour mieux pouvoir en décrire le fonctionnement. Cette relation étroite entre le progrès des sciences et le progrès des techniques mise en avant par l'« Encyclopédie » marquait une étape importante : la technique n'était plus considérée, avec le travail de l'artisan, comme quelque chose d'humble et sans intérêt, elle apparaissait comme condition de la domination de l'homme sur la Nature.

Les précurseurs de l'histoire scientifique

Mais, en étudiant l'homme et ses rapports avec la Nature, on devait infailliblement en venir à examiner l'homme dans ses rapports avec les autres hommes ; donc la Société elle-même devait être soumise à un examen critique. Déjà **Montesquieu** (1689-1755), président du Parlement de Bordeaux, puis ayant vendu sa charge, voyageant dans toute l'Europe pour compléter son information politique, avait abordé l'étude systématique des diverses formes de gouvernement. Dans ses **Considérations sur les causes de la grandeur des Romains et de leur décadence**, et surtout dans son **Esprit des lois**, c'est à une étude scientifique de la société et de son évolution qu'il entend se livrer. L'histoire des peuples, elle aussi, doit être soumise à des lois : ce n'est pas le hasard qui domine le monde. « Il y a des causes générales, soit morales, soit physiques, qui agissent dans chaque monarchie, l'élèvent, la maintiennent ou la précipitent. » Par là il est le précurseur de l'histoire moderne, de la conception scientifique de l'histoire, c'est-à-dire du matérialisme historique. Il cherche à préciser l'influence des conditions extérieures sur la forme de gouvernement, et « les rapports que les lois doivent avoir avec la constitution de chaque gouvernement, les mœurs, le climat, la religion, le commerce, etc. » Montesquieu avait, à peu près en même temps que Voltaire, visité l'Angleterre et en avait conçu une vive admiration pour sa forme de gouvernement, en particulier pour le régime de liberté qui contrastait avec le régime d'absolutisme de la France. Il voit une des raisons de cette supériorité dans la séparation des trois pouvoirs : législatif, exécutif et judiciaire qui servent de frein les uns aux autres. Il réclame la tolérance, la modération dans le gouvernement. Ses idées exerceront une grande influence sur la Révolution Française à ses débuts.

Voltaire, lui aussi, étudie l'histoire des sociétés. Que ce soit dans l'**Histoire de Charles XII**, le **Siècle de Louis XIV**, qui font de lui le premier des historiens français modernes, ou encore l'**Essai sur les mœurs et l'esprit des nations**, une idée essentielle domine : montrer que l'histoire s'explique sans l'intervention de la Providence, par l'action des grands hommes et par une infinité de petits hasards également. Il s'efforce de mettre au premier plan l'histoire des peuples et non celle des princes ; il marque avec insistance les progrès des sciences, des arts, de l'industrie, et il cherche en même temps à dénoncer tous les méfaits dont il rend responsables la religion et les prêtres, ses auteurs. Une grande partie de son activité sera par la suite consacrée à lutter contre le fanatisme religieux, pour la tolérance. Il en vient à terminer toutes les lettres à ses intimes par la devise : écrasons l'infâme — l'infâme étant le fanatisme religieux, sinon toute religion constituée en église. Il frappe à coups redoublés, multiplie les brochures, qu'il désavoue aussitôt si cela est nécessaire. Son style étincelant, sa verve de polémiste inégalé font qu'on s'arrache les exemplaires, parfois simplement manuscrits, qui circulent de façon clandestine. Et d'ailleurs Voltaire ne se contente pas de batailler pour des idées : il agit pour les opprimés, pour réhabiliter la mémoire du protestant Calas, condamné et exécuté sans preuves comme le meurtrier de son fils ; il défend le chevalier de la Barre, mis à mort pour crime d'impiété. La tolérance, la liberté de pensée sont les conditions nécessaires d'une société bien organisée. Ce qui le frappe en somme, c'est le contraste qui existe entre le point où la science et la philosophie ont amené l'esprit humain et le nombre de préjugés et de superstitions qui pèsent encore sur l'homme. D'un côté, le progrès, la tolérance ; de l'autre côté, la superstition et l'intolérance. Il s'agit donc de mettre la vie sociale au niveau des progrès de la science et de la philosophie, il faut libérer l'homme des préjugés qui l'oppriment encore. C'est à cette tâche que s'est consacré Voltaire, c'est à cela qu'il doit l'immense popularité de ses écrits, de son action, de sa personne. La pensée voltairienne, telle qu'on la trouve par exemple dans le **Dictionnaire philosophique portatif** (1764), c'est la pensée critique qui ne respecte rien : elle exercera une influence essentielle sur la vie intellectuelle française.

J.-J. Rousseau

J.-J Rousseau (1712-1778) se révéla au public par les réponses qu'il publia à deux questions posées par l'Académie de Dijon : **Si le rétablissement des sciences et des arts a contribué à épurer les lettres** (1750) et **l'Origine et les Fondements de l'inégalité parmi les hommes** (1754). Le progrès des sciences et des arts, explique-t-il dans le premier Discours, n'a pas amélioré les mœurs, il les a corrompues. Prenant le contre-pied de l'opinion courante, il montrait que la décadence des mœurs depuis les temps primitifs, « châtiment des efforts orgueilleux pour sortir de l'heureuse ignorance où la sagesse éternelle nous avait placés, le voile épais dont elle a couvert toutes ses opérations semblaient nous avertir assez qu'elle ne nous a point destinés à de vaines recherches ». Mais le **Discours sur l'origine de l'inégalité**, véritable chef-d'œuvre de dialectique d'après Marx et Engels, précisait sa pensée. « Les hommes sont méchants… Cependant l'homme est naturellement bon… Qu'est-ce donc qui peut l'avoir dépravé à ce point, sinon les changements survenus dans sa constitution, les progrès qu'il a faits et les connaissances qu'il a acquises ? » Ainsi le progrès de l'agriculture, le partage des terres, la propriété entraînent une inégalité due d'abord à la force et à l'adresse ; la société se divise en riches et en pauvres, mais dès lors la société ne saurait subsister. Il faut que les riches s'entendent entre eux pour assurer leurs privilèges, en instituant des lois « qui donnent de nouvelles entraves aux faibles et des forces aux riches, détruisent sans retour la liberté naturelle, fixent la loi de la propriété et de l'inégalité ».

On peut donc se poser le problème de savoir s'il n'est pas possible de formuler des conventions sociales telles que les avantages incontestables que les hommes ont de vivre en société se combinent avec ceux de l'état naturel ? Tel est le but que se propose le **Contrat social**, une des œuvres fondamentales de Rousseau. La société ne sera pas juste si elle obéit au droit du plus fort. Elle ne sera pas juste si elle est fondée sur la résignation du plus faible. Pour qu'il y ait justice, il faut que la convention ait lieu d'égal à égal, que ce soit un « contrat social » ; mais ce contrat une fois signé, il est sans réserves et sans retour. Il faudra appliquer le contrat.

Naturellement, l'éducation du futur citoyen doit jouer un rôle prédominant. C'est à l'éducation qu'est consacré l'**Émile**, qui est en quelque sorte l'application des idées de Rousseau sur la société. Élever un enfant, à cette époque, c'était sans cesse le contraindre, le redresser, le châtier. Il faudra au contraire laisser agir la nature : il apprendra à observer la nature et à raisonner sur elle ; restant tel que la nature le créa, il est bon. Rousseau montrait aux éducateurs que l'enfant doit rester autant que possible lui-même. Le succès fut énorme ; les mères cessèrent d'emmailloter leurs enfants, elles les allaitèrent. Les idées de Rousseau, son élan sentimental vers une religion naturelle devaient exercer une influence prépondérante sur les futurs révolutionnaires, sur le déroulement de la Révolution française elle-même.

Les premiers théoriciens communistes

Morelly, dans son **Code de la nature** (1755), se pose aussi le problème : l'homme naît bon naturellement. C'est l'organisation de la société qui le rend méchant. Comment dès lors la transformer de manière qu'il soit presque impossible que l'homme devienne méchant ? La réponse à la question est celle-ci : tous nos maux viennent de la propriété privée. « Le monde est une table suffisamment garnie pour tous les convives, dont tous les mets appartiennent tantôt à tous, parce que tous ont faim, tantôt à quelques-uns seulement, parce que les autres sont rassasiés : ainsi personne n'en est absolument le maître, ni n'a droit de prétendre l'être. » Qu'on supprime donc la propriété, qu'on fasse des lois conformes à la Nature et le monde sera heureux. Et nous voyons apparaître au début du **Code de la Nature** ce qui sera le principe du socialisme : « de chacun suivant ses capacités, à chacun selon son travail ». Et Babeuf se revendiquera hautement devant ses juges du **Code de la Nature**.

De même **Mably** (1709-1785) considère les lettres, les sciences, les arts, l'industrie même, comme des éléments de corruption et de décadence. Trois maux menacent les peuples riches et heureux : le despotisme, l'anarchie et les conquêtes. Le communisme est le remède à cet état de ruine sociale, les différences entre les hommes n'étant pas essentielles à leur nature, mais susceptibles d'être atténuées, sinon abolies par une éducation uniforme.

C'est que, comme nous l'a montré Marx, « il n'est pas besoin d'une grande sagacité pour constater que le matérialisme dans ses théories de la bonté originelle et des mêmes dons d'intelligence chez les hommes, de la toute-puissance de l'expérience, de l'habitude, de l'éducation, de l'influence des circonstances extérieures, de la haute importance de l'industrie, des mêmes droits à la jouissance, }etc., se rattache nécessairement au communisme et au socialisme ».

Les physiocrates

D'ailleurs, l'étude de l'économie du pays, de la façon dont se créent ses richesses, devait faire des progrès considérables grâce aux **physiocrates**, dont les principaux sont le docteur **Quesnay** (1694-1774) et **Turgot** (1727-1781). « C'est aux physiocrates, nous dit Marx, que, dans la société bourgeoise, revient l'honneur d'avoir analysé le capital. Et cela fait d'eux les véritables créateurs de l'économie moderne. » La France était un pays essentiellement agricole et, par ailleurs, nulle part l'exploitation n'apparaît plus clairement que dans l'agriculture : on y voit immédiatement que la somme des aliments que l'ouvrier consomme est inférieure à la somme de ce qu'il produit, alors que dans l'industrie l'ouvrier ne produisant pas directement ses moyens de subsistance, la chose n'est pas aussi évidente. Ils en concluent que l'agriculture est la source de toutes les nouvelles richesses (c'est de là qu'ils tirent leur nom, « physiocrates » signifiant ceux qui reconnaissent la suprématie de la nature) et que l'industrie par exemple ne crée pas de richesses, mais transforme seulement celles créées par l'agriculture. Les conséquences vont en être nombreuses : puisque c'est de la propriété foncière que partent toutes les richesses, tout l'impôt doit lui incomber ; l'industrie doit échapper à tout impôt et par suite à toute intervention de l'État, d'où la maxime « Laissez faire, laissez passer ». Par ailleurs il faut encourager l'agriculture, en perfectionner la technique. De nombreuses Sociétés d'Agriculture se créent un peu partout en province. **Parmentier** introduit la culture de la pomme de terre. Marx a toujours mis en avant l'apport considérable de l'école des physiocrates à l'économie politique : « Dans le premier tiers du XVIIIe siècle, dans la période d'enfance de l'économie politique… ce fut sans discussion l'idée la plus géniale dont l'économie politique soit redevable jusque-là. » C'est par là que l'économie politique marxiste apparaît comme le développement conséquent des recherches des physiocrates, de même que la philosophie marxiste représente le développement conséquent du matérialisme des encyclopédistes, avec lesquels d'ailleurs les physiocrates étaient liés.

Il est difficile d'imaginer l'effervescence d'idées, le bouillonnement intellectuel de cette époque où se préparait une grande révolution. Dans les **Salons**, les philosophes, les savants les plus célèbres se rencontraient et faisaient assaut d'élégance et d'esprit dans les attaques qu'ils menaient contre l'Église et les pouvoirs établis. Partout, une soif d'apprendre : on fréquente les cours publics de science qui s'ouvrent un peu partout ; les journaux se multiplient et le premier quotidien apparaît en 1777. Malgré les interdictions, la répression, les livres interdits circulent, certains en copies manuscrite par centaines. En dehors de Paris, la vie intellectuelle est particulièrement brillante en province, où les académies, qui y jouent un rôle décisif, discutent de l'économie, de l'éducation, de tous les sujets. Les idées philosophiques pénètrent partout, dans tous les milieux, avant tout ceux de la bourgeoisie.

L'esprit positif de cette bourgeoisie, désireux de résultats pratiques, ne voulant pas séparer les sciences des arts qui les appliquent, confiant en elles, en leur méthode et en leur efficacité, la passion d'être utile aux hommes, voilà ce qui caractérise ce grand mouvement. Il ne s'agit plus de chercher la connaissance pour elle-même, mais de dénoncer les préjugés hostiles au bonheur des hommes. C'est dans les **Lumières** qu'on met l'espérance pour transformer la condition humaine.

« À la veille de la convocation des États Généraux par Louis XVI, les conditions objectives, économiques et sociales de la Révolution étaient parvenues à la maturité. Mais déjà, les transformations nécessaires devenues inévitables s'étaient reflétées dans l'œuvre prérévolutionnaire des penseurs français du XVIIIe siècle.

Les Encyclopédistes, groupés autour de Diderot, approfondissaient le côté matérialiste de la pensée cartésienne et élevaient un monument durable. Ils jetèrent les fondements de notre propre doctrine.

« La base philosophique du marxisme, ainsi que l'ont proclamé maintes fois Marx et Engels, est le matérialisme dialectique, qui a pleinement fait siennes les traditions historiques du matérialisme français du XVIIIe siècle », nous a rappelé Lénine.

Les écrivains français du XVIIIe siècle exercèrent une influence considérable, non seulement en France, mais à travers le monde, et le rayonnement de la pensée française de cette époque est encore tel de nos jours qu'il trouble et irrite les dictateurs fascistes.

J.-J. Rousseau jouit dans les divers pays allemands, d'une autorité indiscutable. Le **Discours sur l'inégalité**, le **Contrat social** ont inspiré des œuvres comme **les Brigands** et **Intrigue et Amour** de Schiller.

De nombreux étrangers, du temps de Voltaire, résident à Paris et se mêlent intimement à la vie de la société intellectuelle française, de cette « République des lettres » dont on parlait hors de nos frontières avec admiration. Beaucoup de ces étrangers rédigent à l'usage de leurs compatriotes des « correspondances » qui circulent d'abord manuscrites et font connaître à l'Europe et aussi au Nouveau Monde la pensée française.

Des souverains étrangers protègent les écrivains français. Voltaire est l'hôte de Frédéric II. Le philosophe français Condillac est choisi comme précepteur du prince de Parme. Catherine II protège Diderot et le fait venir pendant quelque temps à Saint-Pétersbourg… » [2].

La Révolution française allait être la vérification des critiques du « siècle philosophe » : « Toutes les formes antérieures de société et d'État, toutes les notions anciennes transmises par tradition furent jetées au rancart comme contraires à la raison : le monde s'était laissé jusqu'alors mener exclusivement par des préjugés ; tout ce qui appartenait au passé ne méritait que compassion et mépris. Enfin, l'aurore se levait : désormais la superstition, l'injustice, le privilège et l'oppression devaient céder la place à la vérité éternelle, à la justice éternelle, à l'égalité fondée sur la nature et aux droits inaliénables de l'homme. » [3].

<hr>

1. ↑ Les Encyclopédistes.
2. ↑ M. Thorez : *Une politique de grandeur française.* (Éditions sociales, page 147.)
3. ↑ F. Engels : *M. Dühring bouleverse la Science.* (Trad. Bracke, t. I, p. 2.)

INDEX ALPHABÉTIQUE